できるビジネス

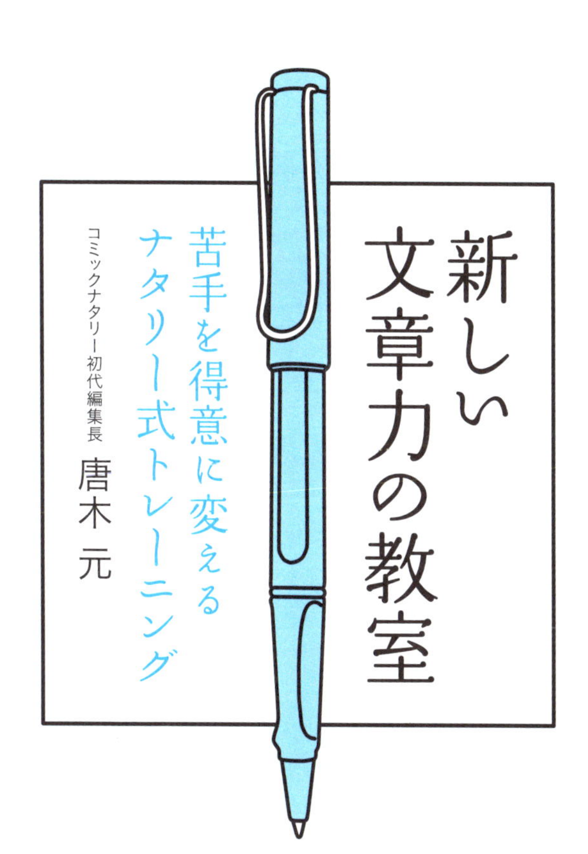

新しい文章力の教室

苦手を得意に変えるナタリー式トレーニング

コミックナタリー初代編集長
唐木 元

インプレス

はじめに

いまどき、あらゆる職業の人から「書けない」という悩みを耳にします。営業マンから広報、宣伝、プログラマー、はてはミュージシャンまで……。おかしな時代になったものだと思います。

この本を手に取ったくらいですから、あなたも「書けない」と悩んだことがあるのではないでしょうか。

いまや月3,000本以上の記事を配信するポップカルチャーのニュースサイト「ナタリー」。なぜナタリーはこれほどまでに大量の記事を産出し続けられるのでしょう。

それはもちろん、ひとえに現場の記者たちのがんばりによるものです。しかしそんな記者たちの多くが、もともとライターとして実績のない未経験者だったと聞いたら、ちょっとびっくりされるかもしれません。

未経験者が多い理由は、「書くことはあとからでも教えられるが、好きになることは教えられない」という、われわれの採用ポリシーにあります。おかげで、カルチャーへののめり込み具合は一流だけど文章は素人、という新入社員たちが、毎月のように入社してきます。

音楽、マンガ、お笑い、映画、そして物販の5部門からなるナタリーで、7年にわたりマンガと物販サイトの編集長を務めてきた私の、もうひとつの主業務が新人研修でした。

社内で「唐木ゼミ」と呼ばれている新入社員向けのトレーニングを繰り返すうち、わかってきたのは、職業ライターなら無意識にやっている当たり前の思考プロセスが、彼らには備わっていないということでした。化粧でいえばマスカラやアイシャドーではなく、ベースメイクやスキンケアから教えていく必要があったのです。

これを読んでいるあなたが、「書きたいことがあるけどどう書いたらいいかわからない」というステイタスにあるのだとしたら、それは「のめり込んでいるカルチャーはあるけど書き方を知らない」我が社の新入社員と、そっくりだといえるでしょう。

もしそうだとしたら、私がこれまでに培ってきたメソッドがきっとお役に立てると確信しています。それはひと言で言えば、「いきなり書き始めてはいけない」というシンプルな話。書き始める前に、何について書くか決めてから書く。さらには何をどれから、どれくらい書くかを見当付けてから書き始める。たったそれだけのことが、唐木ゼミの核心です。

いくら「書けない」と言っても、ひと文字も打てないでいる人は見たことがありません。「書けない」の実情は、「遅い」「まとまらない」「伝わらない」のどれか、もしくは3つともです。そしてこの苦手意識を克服するポイントは、すべて書く前の準備に宿っています。

この本では唐木ゼミで伝えてきたことをベースに、書ける人にとっては当たり前すぎて誰も説明してくれない基本、「歩くときは右足の次に左足を前に出す」というようなプロセスを言語化し、誰でも順を追って身に付けられるようにしました。

そのことさえ体得してもらえれば、素人からでもライターとして、1日5本、10本、なんなら15本書けるようになります。私の入社時には10名だった社員もいまや70名、うち6割が記者職ですから、それなりの実績はあるつもりです。

本のタイトルは「ナタリー式トレーニング」と少々大げさになってしまいましたが、特別なことはひとつもありません。下ごしらえさえおっくうがらずにしておけば、文章を書くことにセンスも魔法も必要ありません。それをこれから、お伝えしていきましょう。

2015年7月　唐木 元

目次

第2章

読み返して直す ―― 51

第3章

もっと明快に —— 87

第4章

もっとスムーズに ―― 131

第5章

読んでもらう工夫——169

第１章

書く前に準備する

書く前の準備で文章が決まる

仕事で外出先に向かうとき、いまどきならGoogle マップや乗換案内で検索してから出かけますよね。文章を書くときも同じ。目的地を定め、経路を確認してから出かけるのが得策でしょう。

なのにこと文章となると、いきなり書き始めてしまう人が多いのです。たまたまうまく書き上げられればラッキーですが、迷い始めたら最後、人は何時間でも好きなだけ迷えるもので、無限に時間を費やすはめになります。

ナタリーの記者にノルマはありませんが、忙しい日でも1日5本、多い日なら15本以上の記事を書くのが日常となっています。この本数をこなすのに迷っている時間はありません。そのために必要なのが、この章で紹介していく文章を書く前

の段取り法、地図に相当する下ごしらえです。

具体的にはまず、「良い文章とは何か」をはっきり定めてしまうこと。そして構造シートと呼んでいるメモを用いて、主眼と骨子からなる構造的な作文法を身に付けること。

これら書く前の技術によって、文章を書くという得体の知れない行為が、プラモデルを組み立てるように、手順に従って進めていけば及第点まではたどり着く作業へとモードチェンジできます。

芸術的な文章を創作するのには向かないでしょうが、伝えたいことを記した実用的な文章を効率よく書き上げたい人には、ナタリーで培ったこのメソッドを役立ててもらえるのではないかと期待しています。

CHAPTER 1　目標の設定

01 良い文章とは完読される文章である

究極の目標は「完読されること」

「良い文章って何だろう？」。

唐木ゼミの初回は、必ずこの問いで始まります。参加者には順繰りに、何度も答えてもらいます。あなたも考えてみてください。

たとえば1周目「わかりやすい」「知りたいことが載っている」「テンポがいい」。2周目「間違いがない」「うんざりしない」「気が利いてる」。3周目「得した気分になる」「人に話したくなる」「元気が出る」……こんな具合に答えが膨らんでいきます。

どれも良回答、正解だと思います。ただ答えが無数にあっては学びが難しくなってしまうので、上級者になるまでの間は、たったひとつの万能解を掲げ、そこへの到達を目指すことにします。それだけ気にしていればさっきの回答すべて、それどころかたいていの問題をカバーできてしまうマジックワードをお伝えしましょう。それが「完読」です。

この本ではおしまいまで通して、「完読される文章が良い文章」ということに設定します。

おしまいまで読んでもらうことの難しさ

逆のことを考えてみましょう。たとえば文章がわかりづらかったら？　読み進むのをやめてしまう人の割合が増えていくはずです。テンポが悪かったら？　間違いだらけだったら？　やっぱり離脱者が多くなる。自分の役に立たないと思ったら？　内容と比べてあまりに長文だったら？　雑誌でもウェブでも、ページをめくるか閉じてしまいますよね。

そう考えていくと、文章のおしまいまで読者を連れていくことがどれだけ困難か、理解してもらえるのではないでしょうか。特に近年のネットユーザーは私も含め、長文への耐性が低下しています。かったるさを感じたら、すぐ離脱したくなってしまう。そうすると情報も断片でしか渡せなくなってしまいます。

そういった**こらえ性のない読み手に情報を不足なく手渡し、メッセージを伝えるために、私たちは文章力を磨かなければならないのです**。これはナタリーのようなニュースサイトに限らず、あらゆるメディア、あらゆる仕事の現場に適用できる、普遍的な課題といえるでしょう。

目標を掲げて腕を磨く

ほんとうのことをいえば、良い文章とは何か、それは「時と場合による」ものです。しかし**特に初心者のうちは、目指すべき状態をはっきり見定め、迷いなく腕を磨いていく必要があります。**

そのために私が用意した、考えられる限りもっとも万能で強力なフラッグが「完読」です。だいぶ乱暴ですが、信じてついてきてください。

どうしたら文章がうまくなるか悩んでいる方にまずお伝えしたいこと。「完読されるのが良い文章」と決めると突然視界がクリアになります。

CHAPTER 1　目標の設定

02 完読される文章、完食されるラーメン

ダメな文章は「食べきれないラーメン」

さあ、究極の目標「完読されるのが良い文章」が設定されました。これを目指すにあたって、もう少し突っ込んで考えてみたいと思います。

「完読」という概念を伝えるとき、補助線として「完食」という話題を出すと、理解してもらえることが多いように思います。フレンチでも懐石料理でも同じことなのですが、ここはひとつ、誰にでもなじみのあるラーメンに登場してもらいましょう。

あるラーメン、評判も知らずフラリと入った店で出てきたラーメンが目の前にあるとして、**あなたはどんなとき、食べきれず残してしまいますか？**

またゼミ生を当てていきましょう。1周目「多すぎる」「伸びてる」「麺ののどごしが悪い」。2周目「虫が入ってる」「店内が不潔」「具がなくて単調」。3周目「食べたかった味じゃなかった」「味が濃すぎ」「逆に味がしない」……話がラーメンとなると、矢継ぎ早に答えが返ってきます。

ところでここは文章力の教室です。順に言い換えればつまりこういうことでしょう。「文章が長すぎる」「タイムリーな話題じゃない」「リズムが悪くてつっかかる」。続いて「事実誤認がある」「誤字や用語の不統一がある」「繰り返しばかりで飽きる」。3周目は「求めていない内容」「主張が強すぎる」「得られるものがない」。

したがってこれらの逆をいけば、**完食されるラーメン、すなわ**

ち完読される文章に近づいていくことができそうです。

おいしく完食できる一杯を

適切な長さで、旬の話題で、テンポがいい文章。事実に沿った内容で、言葉づかいに誤りがなく、表現にダブりがなく変化の付けられた文章。読み手の需要に則した、押し付けがましくない、有用な文章。もちろん条件はこれだけではありませんが、こんな文章がもしあったら、引き込まれたままおしまいまで読んでしまいそうですよね。

これから長く付き合っていく「完読される文章」という旗印。見失いそうになったら、おいしく完食できるラーメンを思い出して、ジャッジメントの補助線としてみてください。

お客さんに提供したものは余さず味わってほしい、と工夫するのが料理人の性。文章の書き手も、その心意気は共有できるはずです。

CHAPTER 1 執筆の力点

03 文章は目に見えている部分だけではない

事実・ロジック・言葉づかいの３層構造

ゼミで「完読を目指しましょう」と言うと、気の利いた言葉を選んでみたり、目新しい比喩を繰り出したりと、レトリックの工夫で背伸びをしようとする人があとを絶ちません。残念ですが、その努力は当面、見当違いと言わざるを得ません。

ではどこを努力すべきか。それを理解するためにはまず、文章の多層性について知っておく必要があるでしょう。森の地面が落ち葉、腐葉土、黒土と層になっているように、**文章も概念のレイヤーが積み重なってできている**、ということです。

いまあなたが目で追っているこの文字列、目に見えている言葉そのものが、いちばん表層のレイヤー。ここでは**「言葉づかい」**と呼ぶことにしましょう。

言葉づかいの下には、どんな文章でも表層の論理が仕込まれています。言いたいこと伝えたいこと、こうだからゆえにこうなのだ、という**「ロジック」（論理）**のレイヤーです。

さらにその下には、この世界の事柄ひとつひとつ、ここでは**「事実」**と呼ぶレイヤーが横たわっています。出来事や日にち、人の名前、ものの名前、行為、場所などなど。この層から取ってきた事実を組み合わせて、ロジックは形作られています。

「事実」「ロジック」「言葉づかい」の３つのレイヤーは、取り返しのつかない順序で積み重なっています。どれだけ美文を連ね

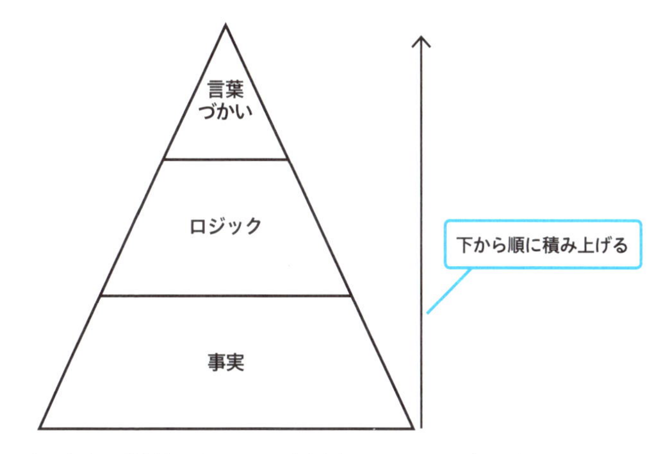

ても、事実に誤認があったら実用文としては0点です。またロジックがおかしな文章は、言葉づかいでは挽回できません。

特にナタリーのようなニュースメディアではその傾向が顕著です。流暢な言葉づかいで読ませたとしても、発売日が間違っていたとしたら、0点。一方で多少言葉づかいが素朴だったとしても、書かれている事実に誤りがなく筋が通っているなら、50点か60点か、いくばくかの点はあげられるのです。

実用的な文章力をレベルアップしたければ、「事実」「ロジック」「言葉づかい」の順番に積み上げていく思考を、まずは腹の底にたたき込んでください。次のページからは、特に入門者に欠落しているロジックの組み立て方について説明していきます。

いくら言葉巧みでも、数字の間違いや論旨の破綻に気付けないライターは現場に出せません。事実から固める手堅い書き手になりましょう。

04 必要なものは主眼と骨子

書く前に主眼と骨子の「地図」を持つ

前項では「事実」に立脚した上に「ロジック」が成立していて、初めて「言葉づかい」を云々できる、という話をしました。ではロジックを立てる、すなわちロジカルに書くにはどうしたらいいでしょうか。

私はいつも**「書き始める前に、主眼と骨子を立てることだ」**と答えています。聞き慣れない言葉かもしれません。ここは丁寧にやっていきましょう。

主眼とは、要はテーマのことです。広告の世界ではコンセプト、雑誌の世界ではキモとか切り口、新聞の世界では意義付け、学術の世界ではテーゼなんて呼ばれたりします。言葉はどれでもいいのですが、**その文章で何を言うのか、何を言うための文章なのかという目的**のことだと思ってください。

もし主眼のない文章があるとしたら、それはあて所のない外出のようなもので、どこへ向かうべきか判然としないまま歩き続けることになります。休日のぶらり旅、つまりエッセイや小説ならそれも楽しいでしょうが、私たちが取り組むのは実用的な文章ですから、風まかせではすぐに立ち行かなくなります。

何を・どれから・どれくらい話すか

主眼が目的地なら、骨子は経路と言ってもいいかもしれません。**主眼を達成するための骨組みのことを、骨子と呼んでいます。文**

章における骨子は、「要素」「順番」「軽重」の３つから構成されます。

もう少しくだけた言葉でいうと、「何を」話すか、「どれから」話すか、「どれくらい」話すか、ということです。この３つは常にワンセットで、どれかひとつ欠けても骨子としては成立しないことに注意してください。

おさらいです。**書き始める前にまず「テーマ」を決める。そののち、「テーマ」のために「何を」「どれから」「どれくらい」話すか決める。**それから書き始めるのが、ロジカルな文章を書くために間違いのない方法です。こうして主眼と骨子を持つことを、私は**「構造的記述」**と呼んでいます。

主眼と骨子を立てる。要は「地図で行き先と経路を確認してから出かける」ということ。道に迷わないため、作文でも出発前にやりましょう。

CHAPTER 1 構造的な記述

05 悩まず書くために「プラモデル」を用意する

丸太から削り出すのは大変

「主眼と骨子」の話は、唐木ゼミ前半のハイライトと言っていい最重要事項です。したがって、その重要さを伝えるべく、また別のたとえ話をして理解を深めることにしています。

いささか唐突ですが、**丸太とノミを渡されて「これでガンダムを作りなさい」と言われたらどうしますか？** もしくは紙粘土を渡されて「これで宇宙戦艦ヤマトを作りなさい」と言われたら。

私なら途方に暮れてしまいます。**ところがガンダムもヤマトも、プラモデルだったらどうでしょう。**出来はさておき小学生だって完成にこぎ着けます。なぜでしょうか。

その理由はプラモそのものにあります。プラモを買うと何が手に入るのか、イメージしてみてください。まず誰でも思い浮かぶのがパーツですよね。シールなんかもこれに含むとしましょう。

あと入っているのは……取説、組立説明書です。これも重要そうですね。それから？

3つ目は箱、正確には箱絵なんです。プラモの箱には、99%と言っていい割合で「完成イメージ図」が書いてありますね。**パーツ、取説、箱絵。この3つがセットになって、プラモというのはパッケージとして成り立っているのです。**

プラモデルのように作文する

なぜプラモが簡単で間違いがないのか。それはあらかじめユニット化されたパーツが用意されていて、箱絵で完成イメージを

確認したのち、取説の指示通りに組み立てるからです。

この手法を作文にも適用できたら、誰でも簡単に、間違いなく文章を書き上げられるのではないでしょうか。すなわち作文をプラモ化してしまえばいいのです。

具体的には書き始める前に、**「どんなことを伝える文章なのか」を定めておく（箱絵）、「何を言うか」をトピック化して並べておく（パーツ）、「どれから」「どこを重点に」組み立てるかを決めておく（取説）**。これで作文という行為が、あとは組み上げるだけの状態にまでプラモ化できました。

ここまで話すと、プラモの３つの中身をどこかで見た気がしてきませんか？　前項で説明した「主眼と骨子」に、ほぼ対応していると言っていいでしょう。つまり**「箱絵＝主眼」「パーツ＝要素」「取説＝順番・軽重」**という具合です。

「書き始める前に主眼と骨子を決めておく」とは、言い換えれば**「作文をプラモ化しておく」**ということなのでした。

プラモ化は文章のみならず、あらゆる仕事で使える手法です。ビジネス書では「仕組み化」「フレームワーク思考」なんて呼ばれていますね。

CHAPTER 1 話題の収集

06 書きたいことのパーツを揃える

書きたい話題を箇条書きにする

前項では、書きたい内容をあらかじめパーツとして用意しておくのが、プラモデル化の条件だとお話ししました。**具体的にはこれから書こうという文章に含まれそうな話題を、箇条書きで書き出す作業をしていきます。**

事実ベースの文章を書く場合は、手持ちの事実をどんどん書き出していきましょう。もし手紙やレビューのような主観を述べる文章なら、何を思い感じたのか、箇条書きで書きつけます。

この段階では順番や整合性は気にしてはいけません。主眼と骨子を考えるために、まずは手持ちの話題をリストアップしていくのです。

事実を集めてトピック化する

ここではナタリーで発信している**事実ベースの記事がどのように作られていくのか**、その過程を見ていきましょう。

サンプルとして、マンガ家「小山宙哉」とミュージシャン「真心ブラザーズ」の架空のトークイベントを記事にするプロセスを考えてみたいと思います。始まりは小山宙哉さんのTwitter公式アカウントでした。こんな具合です。

「とあるミュージシャンの方との打ち合わせでした。9月にトークイベントをやることになったのです。もろもろ決まったらお知らせします！」

これを目にしたコミックナタリーの記者が、出版社に問い合わせをかけます。幸い小山さんの担当編集者は付き合いのある方だったので、メールで詳細を求めたところ、すぐに返信がありました。

「9月に王子のプラネタリウムでやります。チラシのデータを添付しますので、これを参考に書いてください。8月10日に公式発表するので、記事出しも同じ日にしてもらえますか」。

チラシに書かれている情報から、トピックを抜き出して箇条書きしてみましょう。こんな感じです。

- 小山宙哉と真心ブラザーズがトークイベントを行う
- 9月2日19時から東京都北区の王子プラネタリウムで
- 入場無料。ハガキ申し込みで当選した50名のみ

「5W1H」に沿って事実を揃える

事実を揃えていくときにひとつのガイドとして便利なのが、有名な**5W1Hの法則です。Who（誰が）、What（何を）、When（いつ）、Where（どこで）、Why（なぜ）、How（どうやって）**。

5W1Hは決して万能ではありませんが、いま持っている情報に何が欠落しているかを考える際に、役立つことが多いと思います。先ほど箇条書きした情報に当てはめてみましょう。

次のページに続く

- 小山宙哉と真心ブラザーズがトークイベントを行う
  ⇒ Who, What
- ９月２日 19 時から東京都北区の王子プラネタリウムで
  ⇒ When, Where
- 入場無料。ハガキ申し込みで当選した 50 名のみ
  ⇒ How

5W1H に照らすと、Why が抜けていることがわかりました。編集の方に「なぜトークの相手が真心さんなのか」という問い合わせの電話をかけたところ、下記のような返事でした。

「真心さんが『宇宙兄弟』にインスパイアされた楽曲をリリースするということがわかって、新刊発売を記念するイベントに出演をお願いすることになりました。」

なぜ＝「インスパイアされた楽曲が出るため」が判明し、これで 5W1H がひと揃いしました。同時にいくつか周辺の話題が増えましたね。

- 真心ブラザーズが「宇宙兄弟」にインスパイアされた楽曲を出すため人選が決まった
- イベントは「宇宙兄弟」の新刊記念

だいぶ要素が充実してきました。このように**パーツを揃えるときの抜け漏れチェックに 5W1H は有用です**。なお最初のうちは

おっくうがらず、手書きでリストアップするようにしましょう。

材料を取ってくる、すなわち「取材」

これまで紹介してきたような、**書くためのパーツを用意する作業のことを、私は「取材」と呼んでいます。**取材と聞くと突撃したりマイクを向けたり、現場取材のことを思い浮かべるかもしれませんが、本来の意味は「材料を取ってくる」というシンプルな意味なのです。

ですから会見現場に行くのはもちろんですが、電話やメールで問い合わせるのも、書店で新刊の帯をチェックするのも、プレスリリースを読み込むのも、なんなら検索だって立派な取材です。

書きたい文章が事実ベースではない場合も、取材は重要です。**主観を述べる際の取材とは何かと考えると、それは「自分にインタビューをすること」だと私は思っています。**何を思い感じたのか、自分に取材のマイクを向けてメモ書きしてください。

なお、インタビューで事実を引き出すにもコツがあります。第5章では、インタビューの質問方法や、感想文やレビューのような文章で自分に取材する場合のコツについて触れています。ぜひ参考にしてください。

外出取材なしに書かれた原稿を「コタツ記事」と揶揄する向きもありますが、妥協せず事実を収集できていれば、気にかけることはありません。

CHAPTER 1 主眼の設定

07 文章の主眼をセットする

文章には必ず主眼＝テーマを設定する

いよいよ主眼の具体的なセットに入ります。**書き始める前に必ず主眼をセットすること。**それが記事であれレビューであれ日記であれ、文章を読むに足るレベルにするための絶対条件です。前項で提示したパーツをおさらいしてみましょう。

パーツ

- 小山宙哉と真心ブラザーズがトークイベントを行う
- ９月２日 19 時から東京都北区の王子プラネタリウムで
- 入場無料。ハガキ申し込みで当選した 50 名のみ
- 真心ブラザースが「宇宙兄弟」にインスパイアされた楽曲を出すため人選が決まった
- イベントは「宇宙兄弟」の新刊記念

このパーツを見て、主眼つまり原稿のテーマを考えるように言うと、多くの新人がこう設定してきます。

小山宙哉が真心ブラザーズと「宇宙兄弟」についてトークするイベント開催

間違いではない。間違いではないのですが、これではただの要

約で、記者が頭を使った形跡が見られません。そこで**「主眼は別の言葉でいえばコンセプト、切り口だったよね。あなたなりの切り口を考えてください」**と言って差し戻します。勘のいい人なら、こんな言葉を持ってきてくれます。

小山宙哉が真心ブラザーズと「宇宙兄弟」をテーマに話す、
たった50人のプレミアムなイベント

どうでしょうか。これが唯一の正解というわけではないのですが、抽選で限定50人という部分を、記事のコンセプトに設定してきました。合格です。もしくは別の切り口を考える人もいるかもしれません。

小山宙哉が真心ブラザーズとトークイベント、「宇宙兄弟」
テーマだけに会場はプラネタリウム

この記者は「内容と会場にちなみがある」という点に目を付けました。いいと思います。記者が自分なりに考えた形跡が見られれば、よほどズレていない限り私はOKだとジャッジすることにしています。

文章のオリジナリティは「切り口」に宿る

書き手が違えば切り口もドラスティックに変わっていくものです。もしこのニュースを音楽編集部の記者がキャッチしたとしたら、どうなるでしょうか。音楽の記者はこう主眼を据えてくると

次のページに続く

思います。

> 真心ブラザーズがトークイベントに出演、相手は「宇宙兄弟」つながりで小山宙哉

書きたい文章の主体がマンガ家の小山宙哉からミュージシャンの真心ブラザーズにシフトしてしまいました。音楽カテゴリに記事を出すならこちらのほうがずっと訴求しそうですね。勇気あるいい切り口だと思います。

SNS上などで、「ニュースサイトなんてプレスリリースの引き写しが大半で、ただのリライトである」という発言を見かけることがあります。確かにそういう記事も少なくないのが実際です。前掲のサンプルでいえば最初の状態ですね。

しかし、**たとえプレスリリース由来の原稿だとしても、記者が自分の頭で考え、主眼を設定し、切り口を提示しているのなら、そこにはオリジナリティが宿っていると私は考えています。**一方で記者たちは、ただのリライトになっていないかを、いつでも自分に問い続けなければいけません。

主眼をいかに工夫して、魅力的かつオリジナルに設定するか。客観情報オンリーのニュースサイトでも、記事に体温を感じてもらえる所以です。

骨子の構成

文章の骨子を立てる

集めた話題をどれから書くか決める

主眼が決まったら、今度はそのテーマをうまく伝えられるように骨子を固める作業です。**骨子とは「要素・順番・軽重」、もしくは「何を・どれから・どれくらい」**だと先述しましたね。

引き続きトークイベントのサンプルで見ていきましょう。前項で決まった主眼のうち、ひとつ目を取り上げてみます。

> 主眼
> 小山宙哉が真心ブラザーズと「宇宙兄弟」をテーマに話す、
> たった50人のプレミアムなイベント

骨子を立てる際に肝要なのは、要素→順番→軽重の順に決めるということ。この順番を間違えてしまうと、迷い道に入り込んでしまいますので、注意してください。すでに要素は揃っているので、順番を決める作業に入ります。私は下記のような順番を考えました。

次のページに続く

パーツ
1. 小山宙哉と真心ブラザーズがトークイベントを行う
2. 9月2日19時から東京都北区の王子プラネタリウムで
3. 入場無料。ハガキ申し込みで当選した50名のみ
4. イベントは「宇宙兄弟」の新刊記念
5. 真心ブラザーズが「宇宙兄弟」にインスパイアされた
楽曲を出すため人選が決まった

意図を説明してみます。まず1で関心を引き、2で概要を提示。段落を変え、主眼に据えた50人限定という話と申し込み方法を説明します。再び段落を変え、付加的な要素4と5で情報に厚みを持たせて終わります。

もちろんこれが唯一解ではありません。たとえば下記のようにしたら、どんな読み心地になるでしょうか。

パーツ
1. 小山宙哉と真心ブラザーズがトークイベントを行う
2. 9月2日19時から東京都北区の王子プラネタリウムで
3. イベントは「宇宙兄弟」の新刊記念
4. 真心ブラザーズが「宇宙兄弟」にインスパイアされた
楽曲を出すため人選が決まった
5. 入場無料。ハガキ申し込みで当選した50名のみ

1で引き込まれた人が「参加したいな」と思いながら2、3、4と関心を高めていき、5で参加方法に出会って満足する、という

ストーリーを設計してみました。これも十分にいいのですが、メインでアピールしたい5まで読者の注意力が途切れないか、少し気がかりですね。

それぞれの話題をどれくらい書くか決める

順番の次は軽重です。その話題をどれくらい重点的に語るか、さらっと流すか。私はいつも**ABCの3段階評価**で見定めています。主眼を伝えるために役立つか考えながら、先ほどの順番に沿って決めていきましょう。こんな具合です。

骨子

1. 小山宙哉と真心ブラザーズがトークイベントを行う……B
2. 9月2日19時から東京都北区の王子プラネタリウムで…B
3. 入場無料。ハガキ申し込みで当選した50名のみ………A
4. イベントは「宇宙兄弟」の新刊記念 ……………………C
5. 真心ブラザーズが「宇宙兄弟」にインスパイアされた楽曲を出すため人選が決まった ………………C

もっともアピールしたい部分にA、基本情報にB、付帯情報にCを付けてみました。あなたならどこに重みを持たせるか、考えてみてください。とりあえずこれで骨子が固まりました。

常に主眼を王様に、それに奉仕する骨子を考えてください。また、完読の妨げとならないことも忘れずに、ストーリーを設計しましょう。

09 「構造シート」で整理する

テーマと話題を「構造シート」でまとめる

安定した品質の文章を速く書き続けるためには、なにより迷う時間を減らす工夫が必要です。それがここまで説明してきたプラモ化、ないし**書き始める前に主眼と骨子を固める方法**でした。

これまでの一連の作業を1枚の紙の上で、決まった流れで行う方法を、唐木ゼミでは**「構造シート」**と呼んでいます。新人記者には最初の30本目くらいまでは、必ずこの構造シートを書くように指導しています。

構造シートの作り方はシンプルです。用紙はA4コピー紙でもノートでもなんでも構いません。

❶ 紙の上方に大きく線を引いて、テーマ（主眼）を書く欄を作ります。この段階では空欄のままとします。

❷ 箇条書きで、書こうとする話題を列挙していきます。

❸ 並んだ話題を眺めながらこれから書く文章の主眼を見定め、テーマ欄に書き込みます。

❹ どの話題から切り出していくべきか、主眼に準じるよう吟味し、項目の左横に順番を数字で書き込んでいきます。

❺ 紙を替え、テーマ欄に主眼を書き込み、順番通りに並べ直します。もししっくり来なければ、また順番を吟味して書き込み、紙を替えてやり直します。

❻ アピールしたい優先度を、項目の右側にABCの3ランクで格付けしていきます。

●構造シートの書き方

小山宙哉と真心ブラザーズがトークイベントを行う

9月2日19時から
東京都北区の王子プラネタリウムで

入場無料。ハガキ申し込みで当選した50名のみ

真心ブラザーズが「宇宙兄弟」にインスパイアされた楽曲を出すため人選が決まった

イベントは「宇宙兄弟」の新刊記念

❶線を引いてテーマ欄を作る

❷箇条書きで話題を列挙する

❸話題を眺めて主眼を見定め、テーマ欄に書き込む

小山宙哉が真心ブラザーズと「宇宙兄弟」をテーマに話す、たった50人のプレミアムなイベント

① 小山宙哉と真心ブラザーズがトークイベントを行う

② 9月2日19時から
東京都北区の王子プラネタリウムで

③ 入場無料。ハガキ申し込みで当選した50名のみ

⑤ 真心ブラザーズが「宇宙兄弟」にインスパイアされた楽曲を出すため人選が決まった

④ イベントは「宇宙兄弟」の新刊記念

❹話題の順番を考えて番号を振る

次のページに続く

構造シートは手書きで書くべし

構造シートのトレーニングで大事なのは、**必ず手書きでやること**。最初からパソコンの画面で打つようになると、いちいち主眼と骨子を打ち込んでいるのがかったるくなって、いきなり文章を書き始めるスタイルに戻ってしまう人が多いためです。

文章を書き始めてしまえば、構造シートなんて埋めているよりさっさと書き上がるような気がする。うまくいったときはそうでしょう。しかし何本かに1本は、必ず迷い道に入ってしまう題材が出現するのです。15分で書けるはずが、気付けば4時間も5時間も過ぎている、なんてざらです。

構造シートを埋める作業は、最初は30分は要しますが、すぐに速くなってきて、数分で埋められるようになるでしょう。

いきなり書けば、15分で仕上がる記事もあれば5時間かかるときもある。そんな方法より、いつも30分で仕上がる方法を選ぶのが、毎日安定して大量に書き続けるための秘訣です。

また並べ替えるたびにシートを書き直すのではなく、番号を振り直すだけでいいじゃないか、という人もいます。しかし**順番通り書き直すことで、全体の流れがクリアに認識され、仕上がりのイメージが明確になります**。どうかおっくうがらずにトライしてください。

●構造シートの書き方（続き）

❺紙を替えあらためて主眼を書き、話題を順番通りに並べ直す

小山宙哉と真心ブラザーズが宇宙兄弟をテーマに話す、たった50人のプレミアムなイベント

①	小山宙哉と真心ブラザーズがトークイベントを行う	B
②	9月2日19時から 東京都北区の王子プラネタリウムで	B
③	入場無料。ハガキ申し込みで当選した50名のみ	A
④	イベントは「宇宙兄弟」の新刊記念	C
⑤	真心ブラザーズが「宇宙兄弟」にインスパイアされた楽曲を出すため人選が決まった	C

❻アピールしたい優先度を格付けする

まどろっこしく思える構造シートですが、手紙でも日記でもいいので何度も試してください。ある時点でコツがわかり、突然手早くなりますよ。

10 トレーニングで上達する

構造シートが即座にイメージできるようになる

ここで少し構造シートから離れ、ナタリーの新入社員がこのトレーニングを通じてどのように上達し、一人前の記者になっていくかという成長パターンを紹介したいと思います。

新人記者の理想的な成長パターンを例示すると、まずは手書きの構造シートで30本ほど書いてもらいます。この段階ではせかさず、1本1本にたっぷり時間をかけて取り組みます。最初は1日1本、じき1日3本くらいまでペースアップするでしょう。

その後手書きは卒業し、パソコンのエディタ上に構造シート相当の内容をメモ書きするようにして、100本ほど書いてもらいます。ここまでで2カ月ちょっとでしょうか。

2カ月半も経つと、多くの記者が目星の付け方を心得てきて、エディタ上でのメモ書きをサクサク仕上げられるようになります。あとは個人に依存するところですが、**2年も経つと即座にテーマと骨組みをつかみ取り、いきなり書き始めているように「見える」ようになります。**

ベテランもいきなり書いているわけではない

ナタリーの熟練した記者たちは、この主眼と骨子づくりのプロセスをどれくらいの時間でこなすでしょうか。だいたい10秒から15秒ほどだと思います。たまに難易度の高い記事があって、数分かかることもあるかもしれませんが。

つまりニュースソースに出会った瞬間に、切り口はこれだな、この話をしてこの話をしてこの話でフィニッシュ、と瞬間的に脳内で見切っているのです。1日10本15本を平気で書く記者の秘訣は、この構造を即座に見切る力にあるといえるでしょう。

くれぐれも理解していただきたいのですが、**いきなり書き始めているのではなくて、瞬間的に心の中に構造シートを立ち上げ、書き込み、その後書き始めているのです**。そのためにまずは、手書きでシートを埋める練習から始めてください。

唐木ゼミには新人に加え、2年目くらいでスランプ中の記者がよく参加してくれます。基礎を再確認することで、たいていは脱出するようです。

CHAPTER 1　主眼と骨子

11 話題は主眼に沿って取捨選択する

それはテーマにとって必要な話題か？

構造シートを手に入れたところで、骨子の立て方について少し補足しておきたいと思います。それは**集めた材料をすべて使わないジャッジメント、つまり取捨選択**についての考え方です。

主眼を設定する際に、3つ目の例として音楽編集部の記者が設定したらというサンプルをあげました。

> 主眼
> 真心ブラザーズがトークイベントに出演、相手は「宇宙兄弟」つながりで小山宙哉
>
> パーツ
> - 小山宙哉と真心ブラザーズがトークイベントを行う
> - 9月2日19時から東京都北区の王子プラネタリウムで
> - 入場無料。ハガキ申し込みで当選した50名のみ
> - イベントは「宇宙兄弟」の新刊記念
> - 真心ブラザーズが「宇宙兄弟」にインスパイアされた楽曲を出すため人選が決まった

これを構造シートに書き込むとき、ふと頭をよぎる考えがありました。5つのうち「イベントは「宇宙兄弟」の新刊記念」とい

う話題は、ミュージシャンの真心ブラザーズにフォーカスした場合、必要だろうか？　ということです。

「完読」のためにあえて話題を捨てる

やはり唯一解があるわけではないのですが、主眼との関係性の薄さ、および完読の妨げになり得ることを考慮して、この話題は捨てることにしました。その結果できた骨子が下記のものです。

骨子

1. 真心ブラザーズと小山宙哉がトークイベントを行う　… A
2. 9月2日19時から東京都北区の王子プラネタリウムで… B
3. 入場無料。ハガキ申し込みで当選した50名のみ…… C
4. 真心ブラザーズが小山の「宇宙兄弟」にインスパイアされた楽曲を出すため人選が決まった　……………… B

いかがでしょうか。パーツの段階では基本的に要素が多いに越したことはないのですが、骨子を組み上げる際にはこのような捨てる判断が必要とされることも、ままあります。**大事なのは、常にジャッジの基準を主眼に即しているかどうか、主眼を伝えることに奉仕できているかに置いて、ブレさせないことです。**

完読を促すため、また主眼をはっきり打ち出すため、ときには勇気を持って話題を切り捨てなければならないことがあります。捨てる勇気！

12 基本の構成は「サビ頭」

先に結論を言ってしまう

骨子は「要素・順番・軽重」、もしくは「何を、どれから、どれくらい」でしたね。このうち、**いちばん思案に時間がかかるのが「順番」です。**話題の箇条書きと主眼を眺めながら、どの話題から話すかを決めなければならないからです。

ただし文章にはどの順番で話題を並べたら効果的かという、ある程度の定石、定番パターンみたいなものがあります。**私が8割がたの記事に適用しているのが「サビ頭」です。**本来はJ-POPの用語で、冒頭にサビ（もっとも盛り上がる部分）を持ってくる作曲法のことを指します。

これを文章に適用すると**「大事な話題から言う」**と言い直せるでしょう。結論や論点を最初にズバリと提示し、核心から切り込む。**すなわち文章をおしまいまで読みたくなるような、魅力的な一段落を最初に持ってくるということです。**

●サビ頭構成の例

結論　—　問題提起　—　状況説明　—　付帯情報

サビ頭は、新聞記事やレポート、説明文など、あらゆる実用的な文章の基本とされています。ビジネスの世界ではよく「PREP法」とか「SDS法」などといわれますが、いずれも**結論（Point）や要約（Summary）を最初に提示する構成**を指しています。

完読されるための基本を身に付ける

サビ頭な楽曲の流行は、CDというメディアの登場によって起こった現象です。ボタンひとつで瞬時に曲を飛ばせるようになり、冒頭から心をつかむ手法が求められるようになりました。その結果、イントロの前にサビを聞かせてしまう形式が登場したのです。

クリックひとつで別のページにジャンプされてしまうウェブの世界では、以前にも増してこのサビ頭が求められているのではないでしょうか。**冒頭で読者の興味をグイっと引きつけ、関心をキープしたまま、目標である「完読」までこぎ付ける。**そんな設計がネット時代の基本装備だと考えています。

ただしサビ頭の構成も、常に正解とは限りません。私は2割くらいの原稿では、徐々に盛り上がりを出しながら最終段落のクライマックスまで引っ張るような話運びを採用しています。取り扱う題材とパーツとなる話題ひとつひとつのレベルが高く、スロースタートでも読者がついてきてくれる自信があるときに限りますが、うまくいけばサビ頭より実直でしっとりとした印象を与えることができます。

いずれにしても目標は「完読」です。まずはサビ頭をマスターして、おしまいまで読者を運べる文章を書けるようになってください。

冒頭でどういう話なのかわからない文章は、おしまいまで読まれる率が格段に下がります。1段落目で引きつける「サビ頭」を基本に。

CHAPTER 1 執筆の作業

13 構造シートをもとに書き始める

構造シートの内容に肉付けしていく

「構造シート」が準備でき、いよいよ文章を書き始めるわけですが、まったくのゼロから書き始めるわけではありません。構造シートをワープロなりエディタに書き写してみてください。すると、なんということでしょう、そこには**タイトル案と、文章の幹になる部分がすでにできている**ではないですか。

ここでは引き続き、以前用いたサンプルを用いてみましょう。

> タイトル案
> 小山宙哉が真心ブラザーズと「宇宙兄弟」をテーマに話す、たった50人のプレミアムなイベント
>
> 本文
> 小山宙哉と真心ブラザーズがトークイベントを行う。9月2日19時から東京都北区の王子プラネタリウムで。
> 入場無料。ハガキ申し込みで当選した50名のみ。
> イベントは「宇宙兄弟」の新刊記念。真心ブラザーズが「宇宙兄弟」にインスパイアされた楽曲を出すため人選が決まった。

あとはこの幹を膨らませながら、文章の状態にまで修正していきます。ゼロから作文するより、ありものを修正するほうがイージー

なのは言うまでもありませんね。重要度に留意しながら、情報や言葉を補ったり、語順を入れ替えたりして調整してみましょう。

本文

　小山宙哉と真心ブラザーズが、「プラネタリウムで語る宇宙兄弟の夕べ」と題したトークイベントを行う。開演は9月2日の19時から、東京・北区の王子プラネタリウムにて。

　入場料は無料だが、参加できるのは事前にハガキで申し込み、抽選に当たった50名のみ。応募の詳細については公式サイトを参照し、このプレミアムな機会を射止めてほしい。

　なおこのイベントは、小山の「宇宙兄弟」最新刊が8月25日に発売されることを記念したもの。真心ブラザーズは「宇宙兄弟」にインスパイアされた楽曲を発表する予定のため、トーク相手として白羽の矢が立った。

　いかがでしょうか。言葉づかいはまだ無骨ですが、何を言ってるかは通じる文章になっていると思います。**構造シートを肉付けするだけで、言葉はつたなくとも、言いたいことは伝わる文章になるのです。**あとは言葉づかいを磨いていくプロセスに突入するだけです。

1文字目から文章を書き始めようとすると言葉に詰まりますが、構造シートの書き写しがあれば、それを手直しする作業から始められます。

14 書けなくなったら

完成度よりも全体像の把握を優先する

レッスン13では「構造シートの書き写しを太らせていけば原稿になる」「ゼロから生み出すより修正のほうが簡単」と言いましたが、それでも書いていると手が止まってしまう瞬間が、しばしば訪れるものです。

そんなとき私はまず、スタックしてしまった部分を放置して、次に書き進むようにしています。修正はあとからいくらでもできるもの。**完成度が低くてもおしまいまで書き通すことが肝要です。**おしまいまで見渡せるようになると、修正すべき方向もずっと楽に見いだせるようになるものです。

また2,000字（原稿用紙5枚）を超える文章を書く場合は、文章そのものをいくつかにパート分けして、コマ切れにしたそれぞれに構造シートを作りましょう。長い文章の全体像を把握しながら書き進めるのには、それなりの経験が必要です。現在地をロストしてしまうことから筆が止まりがちになります。

ちなみにこの本も、項目ごとにタイトルを立てて独立した文章に区切り、書き下ろしですが連載記事をまとめたような構成になっています。著者である私が雑誌畑の出身であり、単行本という長い距離を走った経験がなかったため、項目ごとに独立させることで筆が止まることを回避した結果です。

人に話す気持ちで説明してみる

それでも手が止まってしまったら。多くの場合、原因は構造シートに潜んでいるように思います。おおもとの構造シートに矛盾や破綻があると、小手先の言葉づかいではリカバリーが効きません。

ある程度文章を書き進んでから構造シートを見直すとき、私がよくやっているのは、**いま書いている原稿の内容を人に話してみることです。**難所がどこにあるのか、それはどういう原因なのか、アウトプットの形態を変えると突然わかることがままあります。

話したり電話したりできる相手がいないときは、心の中で誰かに説明してみましょう。私はよく、自分がデパートの販売員になったつもりで、お客さんに商品やイベントの説明をしてみます。**イメージトレーニングがうまくいくと、何をどれから、どこに重きを置いて話せばいいか、すっきりわかるようになっています。**

会話は普通、文章より完成度にこだわらずに進められるものです。この適当さを利用して、「迷い」で止まってしまった筆を進めましょう。

CHAPTER 1　文章力の向上

15 作文の完成度はロングテール

残り３割の「言葉づかい」を磨いていく

この第１章では、事実・ロジック・言葉づかいという文章の３レイヤーのうち事実と構造に重点を置き、その組み立て方を紹介してきました。このあとは第２章から第５章までを使って、主に言葉づかいのブラッシュアップについて説明していきます。

いやちょっと待って、ピラミッド型の模式図のところでは「事実が最重要で次がロジック、言葉づかいはお飾り」みたいなことを言っていたのに、本のボリューム配分はまったく逆じゃないか、と思う方がいるかもしれません。

下のグラフは、文章の完成度が上がっていく様子を模式化したものです。ちょうどマーケティングで用いられる「ロングテール」のグラフを上下反転させたものに似ていることがわかると思います。

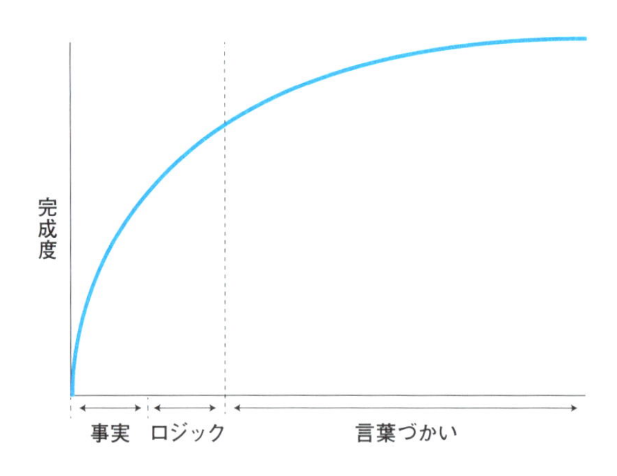

事実とロジックさえしっかりしていれば、それだけで70点くらいの文章にはなるものです。そこから先は言葉に磨きをかけていく作業ですが、これぱかりはひとつひとつ推敲を積み重ね、着実に完成度を上げていくしかありません。

しかも**推敲が進めば進むほど、そこからクオリティを上げていく作業は高度になっていきます。**40点を80点にするより80点を90点にすることはずっと難しいし、どれだけ詰めていっても100点には至りません。わずかなレベルアップのための長い長いブラッシュアップの道筋を、これから多くのページを割いてお話ししていくことになります。

書き直しがなくなる日を目指して

最初のうちはボンヤリでもいいので、とにかく書き進む。そうすればもちろん、たくさん直すべき箇所が発生します。ナタリーの現場でも、新人の記者は9回でも10回でも書き直しさせられるものです。しかし書き直すと誤りに気付き、次は書くときから気を付けて書けるようになります。

そしてある日、「赤字ゼロ」、つまり書き直しナシに至る日が訪れます。記者にとっては、初めて「赤字ゼロ」を出した瞬間がひとつの到達点、一人前の記者としての誕生日です。

ボンヤリ書く、直す、気付いてうまくなる。このサイクルを繰り返しながら、徐々にレベルアップを目指していきましょう。

文章を構造的に書く土台はここまでで整いました。唐木ゼミもひと区切り。ここからさらに文章を磨く階段を上っていきましょう。

ナタリー的とは ❶

速い・フラット・ファン目線がナタリーのポリシー

実際の唐木ゼミでは、この本の第1章にあたる内容の前に、メディアポリシーについて話をしています。文章力とは直接関係がありませんが、ナタリーがどんなポリシーの下で運営されているか興味をお持ちの方もあるかと思い、この章末コラムで紹介していこうと思います。

ナタリーのメディアポリシーは「速い」「フラット」「ファン目線」の3本柱です。まずは「速い」からいきましょう。

これは語義そのまま、速さを身の上とすることです。雑誌、新聞、テレビはもちろん、ほかのネット媒体よりも先んじて記事を出す。その心意気を掲げています。

理由はSNS時代の到来にあります。SNS時代に媒体力を裏打ちするのは、拡散力という概念。そして第1報と第2報では、拡散する力が段違いなのです。弱小媒体だったナタリーが頭角を現すのに、速さは大変な強みとなってくれました。

しかし最近ではいくぶん状況が変わってきました。速さ競争が苛烈を極めるとともに、裏取りをしない粗雑なネットメディアが増え、速かろう悪かろうの様相を呈してきたのです。こうなると別の方向で差別化を図らざるを得ません。

そのため近年のナタリーは信頼性、公式性に戦略の軸足を移しつつあります。ユーザーに「ナタリーに出たのなら事実だろう」と思ってもらうことで、拡散のソースを取りに行く。「なるべく速く、間違いなく」が最近の実情といえるでしょう。

第2章
読み返して直す

「完読」を目指して文章を磨いていく

第１章で紹介した構造的な作文法により、言いたいことが伝わる文章が書けるようになったとしましょう。けれどそれでは及第点であって、そこからさらに磨きをかけていかないと、完読してもらえるに足る文章には達しません。

この章では、ひとまず書き上げた文章を読み返すとき、意味と字面と語呂、３つの見地から読み返すべきという視座を提示します。そののち、どこに着目してどう磨いていくかという具体的なポイントを紹介していきます。

なかでも最初に手を付けるべき最重要の概念は「重複」です。重複はあらゆるスケールで起こり得るということ、また重複を取り除いていくだけで、文章は一気に洗練されていくことを理解して

もらえると思います。

文章がうまくなっていく過程というのは、読み直しの連続の中に宿っています。勢いだけでボンヤリ書いた文章を読み直してみると、粗さやほころびに気付く、そして直す。

それは学びとなり、次に書くときは同じ問題を繰り返さなくなっていきます。そのころには新しい問題点に気付けるようになっているでしょう。そして文章はどんどん磨かれていきます。

ひとつ気を付けてほしいのは、文章を磨く行為に限りはないということ。限られた時間の中で、どこをどこまで磨けば読み手を完読まで連れていけるのか。優先的に手を付けるべきポイントを、一緒に見ていきましょう。

CHAPTER 2 推敲のポイント

16 文章は意味・字面・語呂の3つの見地で読み返す

推敲の3つの見地

よく「料理は目と耳でも味わう」なんて言いますが、文章も同じ。われわれは書かれている内容だけを味わっているわけではありません。見た目のイメージや立ち現れるリズムを感じながら、脳で意味を捉えていくのです。

したがっていくら内容が好ましくても、視覚的に醜い文章、韻律のつたない文章は、最後まで読む気になれません。**「完読」を目指すためには、意味は脳、字面は目、語呂は耳、と複数の感覚器を使って、立体的にブラッシュアップする必要があります。**

1　意味＝ミーニング＝脳

まずは黙読しながら内容のチェックです。事実→ロジック→言葉づかいの順に積み上げていくのは前章で紹介した通り。誤字脱字や事実誤認はないか、次いで主眼と骨子がかみ合っているかどうか、そして表現や文法が適切かを確認していきます。

2　字面＝ビジュアル＝目

同じく黙読で、文章のビジュアル、見た目のチェックです。同じ文字の連続や、別の単語に見間違えてしまう箇所など、意味的および語呂的には問題なくても、字面的に違和感を覚えるポイントを見つけていきます。多くの場合、別の言葉に置き換えたり並べ替えたりすることで解決できます。

ひらがなの連続

× 秦基博、ゆず、いきものがかりらがさいたまスーパーアリーナにやってくる。

読みやすくなるよう漢字に

○ ゆず、いきものがかり、秦基博らがさいたまスーパーアリーナに集結する。

段落単位の見た目も大事です。長すぎる段落はパッと見でうんざりしてしまうので、適宜改行を入れて刻みましょう。また段落は**漢字の割合が多すぎると黒く難解に、逆にひらがなやカタカナが続くと段落は白く間が抜けて見えてくる**ので、ほど良いグレーを目指したいものです。

3　語呂＝オーディオ＝耳

実のところ世の中の多くの人は、黙って読んでいるように見えても、頭の中では音声に変換して再生しているものです。したがってリズムの良さは読み味に大きな影響を与えます。**読み味とは食べ物におけるのどごしに相当するものと考えてください。**

そのため書き手であるわれわれも、黙読したあと、今度は音読して語呂を確かめていく必要があります。環境的に音読が許されない場合、読者と同じく脳内音読をすることになりますが、いずれにせよサウンドをかみしめるプロセスが重要です。

次のページに続く

×	おちまさとととんねるずとテリー伊藤が参加した。

「ととと」……？

○	とんねるずとテリー伊藤、おちまさとが参加した。

同じ音韻の繰り返しや、発音しづらい語句が続く場所など、音読してつまずくパートが出てきたら、ほかの言葉に言い換えられないか考えましょう。

「内容さえ良ければ読まれるはず」という独りよがりは捨てて、ルックスの良さや、心地よい読み味を追求するサービス精神を発揮してください。

17 推敲の第一歩は重複チェック

重複チェックはマルチスケールで

ひと通り書き終えて、読み返しながら言葉づかいを磨いていくとき、どこからチェックしたらいいか。

ナタリーのゼミでは、同じ単語やフレーズがダブっていないかを確認する、**「重複チェック」から始める**ように指導しています。第一にもっとも発生率の高いエラーであること、第二には重複チェックをしていくことで、文法の誤りや言葉選びの甘さ、リズムの悪さ、さらには事実誤認や構造の難所といった別レイヤーの問題までがあぶり出されてくるからです。

そのためにも欠かせないのが、**「あらゆるスケールでの重複に気付くアンテナ」**です。単語の重複はもちろんのこと、文節の重複、文型の重複、段落構造の重複、記事構成の重複と、ミクロからマクロまで、あらゆるスケールで重複を見つけられるようになりましょう。

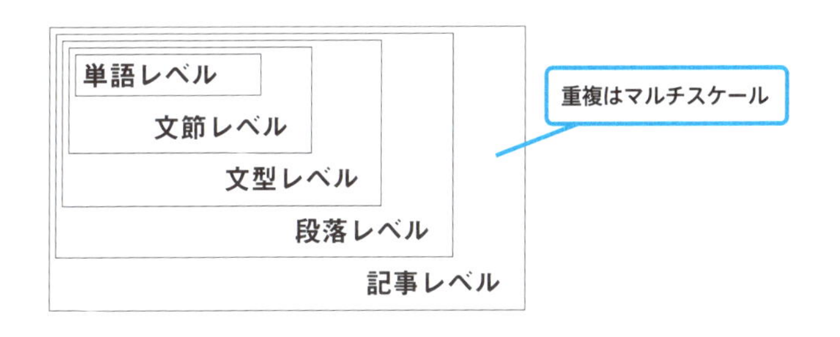

次のページに続く

単語レベルの重複とは文字通り、同じ単語を何度も用いてしまうこと。文節レベルの重複は、文末表現のダブりを筆頭に、もっともメジャーな重複といえましょう。文型レベルの重複とは、「私は動物園に行きました。兄は遊園地に行きました。」といった具合に、文章の構造がダブっている状態です。

段落構造の重複、記事単位の重複は、さらに説明が必要かもしれません。それぞれのチェックポイントについてはレッスン 21、レッスン 71 で細かく説明していきたいと思います。

2 連は黄色信号、3 連はアウト

重複の一例として、ここでは単語レベルのダブりを見てみましょう。「の」の連続は、いまどきワープロソフトでも指摘してくれる典型的な単語レベルの重複です。

× 私のおばさんの三女の会社の社長は有名人です。

「の」が4連続！

○ 私のおばさんの三女が勤めている会社の社長は有名人です。

ダブりは少ないほうが望ましいですが、2 連続までは許容できるケースも少なくないのが現実。3 連続を超えると、誰が読んでもくどく感じられるものです。絶対のルールではありませんが、おおむね**「2 連は黄色信号、3 連はアウト」**と覚えてください。

×	ここではジャズの話をします。ジャズではビバップ以前ではソロがメインではありません。

さまざまな「では」の重複

○	ここではジャズの話をします。ビバップ以前のジャズはソロがメインではありません。

原文には「では」が4つ使われています。それぞれ意味は違いますが、字面と語呂でダブっています。改善文では「ビバップ以前のジャズは」と「では」を使わない表現に置き換えました。このように重複チェックも、意味・字面・語呂の3つの見地を意識してください。

文章に対して意識を織り込む第一歩が「重複チェック」です。重複を排除するだけで、文章は驚くほど生まれ変わることを体験してください。

CHAPTER 2　重複チェック

18 文節レベルの重複を解消する

単語レベルよりひとつスケールアップして、文節レベルの重複を見ていきましょう。たとえば会話文で起きやすいこんな重複です。

×　朝起きたらまずストレッチをして、すると体が軽くなって、あれってもしかしてこういうことだったのかと気付いて。

「て」が3連続！

○　朝起きたらまずストレッチをし、すると体が軽くなって、あれってもしかしてこういうことだったのかと気付いたんです。

読点を呼び込む動詞は連用形と決まっているため重複するのは当然なのですが、「〜って（して）」と、3つとも「て」終わりになってしまいました。**こういうときは動詞の選び方を変えたり助詞終わりにしたりと、散らす工夫をしてみましょう。**

改善文では、最初の「して」の「て」を削り、最後の「気付いて」に語尾を追加して「気付いたんです」としました。「て」の重複を解消するだけで、話し言葉の印象はそのままに、文章としてずいぶん読みやすい一文になったのではないでしょうか。

×	マーケットがあったので、お土産を買っておきたかったので入ってみた。

○	マーケットがあったので、お土産を買っておきたかったため入ってみた。

「ので」がダブってしまい、一気に幼稚な印象になってしまいましたね。理由・根拠を表す「ので」なので、機能の同じ「ため」に置換して重複を解消してみました。

なお助詞「たり」は、重複させて使うことが決まりとされています。

○	毎日走ったり、プロテインを飲んだりすることで、体重が落ちていく。

並列させたい意図や対比させたい意図があるときに、同じ文節や文型をわざと繰り返すことはしばしばあります。**確固たる意図をともなってなされる重複は、エラーとは見なしません。**

なんとなくダブってしまった重複と、はっきり意図を持って韻を踏むことを混同しないように。覚悟のないダブりはクドさしかもたらしません。

CHAPTER 2 重複チェック

19 文末のバリエーションに気を配る

×　イベント企画について会議をしました。予算の条件が見合わず紛糾しました。結論は来週に持ち越すことにしました。

重複3回は赤信号！

○　イベント企画について会議をしました。予算の条件が見合わず紛糾しています。結論は来週に持ち越すことになりました。

文節レベルの重複でいちばん気を付けたいのが、文末の重複です。原文では文末に「しました」が3回も続いており、小学生の作文のような印象になっています。そこで改善文では2つ目を現在形に変え、3つ目は言い換えることで単調さを緩和しました。

体言止めの連続使用も、ビギナーが陥りやすいトラップのひとつです。体言止めは歯切れのいいリズムをもたらすので多用してしまいがちですが、2連続するだけでかなりぶっきらぼうな印象を与えてしまいます。

×	10月21日にコンテストが開催。場所は府中の森芸術劇場。各地の中学校の吹奏楽部が出演。

○	10月21日にコンテストが開催される。場所は府中の森芸術劇場。各地の中学校の吹奏楽部が出演する。

文末表現は文章の印象を左右する重要な要素です。特に段落や記事全体の終わりは、読後の余韻に強く影響します。**文末表現のカードをいかに多く持っているかが、文章力の秘訣と言っても過言ではないでしょう。**

基本の文末パターンは、動詞（現在／過去）、断定の助動詞（〜だ／〜です）、そして体言止めの3つです。これに加えて形容詞や形容動詞、副詞といった修飾語終わり、さらには倒置法や呼びかけ（〜してみよう）といった変化球でカードを増やしていくことになります。

文末の重複は文章の読み味を決定的に損ねるポイントです。文末がダブらず散らせるようになったら、言葉選びも一人前といえるでしょう。

CHAPTER 2　重複チェック

20 時制を混在させて推進力を出す

△ 観客はじっと歌声に耳をこらしていた。田中のエネルギッシュな声を合図に西川によるキャッチーなリフが響いた。オーディエンスは手を上げたり体を揺らしたりして楽曲を楽しんだ。その後彼らは「SOUL FOUNDATION」「Tinydogs」と旧曲を連投しファンを喜ばせた。

過去形ばかりで単調……

○ 観客はじっと歌声に耳をこらしている。田中のエネルギッシュな声を合図に西川によるキャッチーなリフが響き、オーディエンスは手を上げたり体を揺らしたりして楽曲を楽しんだ。その後彼らは「SOUL FOUNDATION」「Tinydogs」と旧曲を連投しファンを喜ばせる。

文末のバリエーションに関連して、**過去の出来事に、過去形と現在形の両方が使える**テクニックにも触れておきましょう。

原稿の内容によって、現在形／過去形の傾向はある程度決まります。ナタリーの記事であれば、ライブレポートは開催報告ですから、自然と過去形が多用されます。

しかし過去の出来事だからといって、すべてを過去形で表現しなければいけないわけではありません。**書き手の意識が「過去の**

時点から見た現在」にあれば、過去の出来事を現在形で書いても成り立つのです。

原文のライブレポートではすべての文末を過去形で揃えています。対して改善文では、ところどころに現在形を混ぜています。改善文のほうがぐっと臨場感のある文章になっていると思いませんか。現在形で書かれた過去の出来事は、読者にとっても、出来事がいままさにそこで起こりつつあることのように感じられ、迫力が出るのです。

同じことは未来についてもいえます。次の例文で**「未来の時点から見た現在」**の表現がもたらす余韻を味わってみてください。

> 最終日は来る23日。観客は感動のフィナーレを目にするだろう。

> 最終日は来る23日。観客は感動のフィナーレを目にする。

時制のコントロールは、文末の重複を避ける手札になるだけでなく、第4章で述べる「スピード感のコントロール」にも直結します。もちろん多用は禁物。時系列の混乱を招かないように、よく音読チェックを繰り返しながら、ほどほどのバランスを探るようにしてください。

過去の出来事に現在形が使えるようになると、途端にレポートの文末表現がラクになります。違和感の出ない使い方を体得してください。

CHAPTER 2　重複チェック

21 文型や段落単位の重複に注意する

だんだん重複チェックのスケールを大きくしていきましょう。「文型レベル」「段落レベル」でも、構造的なダブりを発見することができます。

1　文型レベルの重複

昨日は具合が悪いと言いながら、家でずっと過ごしていました。翌日はもう治ったと笑いながら、会社で延々働いていました。

2つの文の構成が、呼応するようにダブってしまっています。畳み掛ける意図で意識的にダブらせたのでしたらなかなか見どころがありますが、はっきりした意図がないのだとしたら、違う表現を探してバラしてあげましょう。なんとなくの重複からは、つたない印象が漂ってしまうものです。

2　段落レベルの重複

書くことに慣れてきたころに起きやすいのが、段落レベルの重複です。

入江亜季が描く「乱と灰色の世界」は、地方都市・灰町を舞台に、魔法使いの一家・漆間家を描くファンタジー。お気に入りの靴を履くとセクシーな美女に変身する魔女っ子小学生・乱を軸に、彼女を取り巻く人々のドラマが展開される。6月15日に最終7巻が発売される予定だ。

一方、近藤聡乃が描く「A子さんの恋人」は、アラサー女性・A子が東京とニューヨークの男子を両天秤にかける2股ラブストーリー。優柔不断なA子に呆れながらも事態を面白がる女友達を交え、ひねくれた大人たちのあけすけな会話が飛び交う。隔月誌ハルタ（KADOKAWA）にて連載中だ。

例文では、段落の1文目がタイトル紹介で体言止め。2文目が内容紹介で現在形終わり。3文目は助動詞「だ」終わり。──というように、**同じような構造の段落を繰り返しています。**

これは記事書きに慣れて量を書けるようになったライターが、必ずと言っていいほど陥るトラップといえます。例文ほど丸ごと重複ではなくとも、**接続詞で始まる段落が続いたり、段落末が同じ表現になっていたりすると目立つもの。**段落レベルのチェック眼を持って、ダブりを排除していきましょう。

スケールの大きな重複は、読み手にそこはかとない疲労感を与えます。読んでいて、文字量の割に「長いなあ」と思う文章になってしまいます。

CHAPTER 2

22 構造チェック 主語と述語を意識しながら構造に還元して読む

文章を読み返すときは、一文一文を構造に還元して読むことを心がけてください。**「構造に還元して読む」とは、並みいる修飾節をかき分けて、文章の核になる主語と述語、目的語をはっきりつかみ取りながら読むということです。**

「この文章の主語はどれですか？」なんて、国語の授業みたいで面倒くさそうですね。しかし習慣化すれば、考えずともすぐに主語はこれ、述語がこれ、これは主語の修飾節でこれが目的語、と把握できるようになります。

なぜ構造に還元して読む必要があるのか。それは、何も考えずにつらつらと書き進めていると、**主語と述語のかみ合わせがズレてしまうことがあるからです。**

× 彼女が「旅行に行くからお土産を買ってくるね」と言ったので、楽しみにしています。

「言う」のは誰？　「楽しみにする」のは誰？

○ 彼女に「旅行に行くからお土産を買ってくるね」と言われたので、楽しみにしています。

原文は文の幹となる主語と述語がかみ合っていない例です。後半の「楽しみにしている」の主語は本来、省略されている「私」のはずですが、「彼女」のようにも読めてしまいます。違和感に気付きますか？

改善文では、受動態を用いて前半の主語も「私」にすることで、主語に一貫性を持たせました。

もう少し別の改善も試してみましょう。

○ 彼女が「旅行に行くからお土産を買ってくるね」と言ったので、私は楽しみにしています。

省略された主語を補った

主語「私」を省略せずに、前半と後半で主語が異なることを明示しています。表現は少し野暮ったくなりますが、主述の組み合わせが不明瞭になるよりはいいでしょう。

日本語では主語を省く表現が多く見られます。そのため主語と述語のかみ合わせに混乱をきたしている文章が少なくありません。**自分の書いている文の主語はどれか。常に意識しながら読み進むように心がけてください。**

主語と述語のかみ合わせが不一致を起こしているのを、現場では「主語が滑ってるよ」とか「主語がドリフトしてる」なんて言ったりします。

CHAPTER 2 構造チェック

23 単文・重文・複文を理解して係り受けを整理する

係り受けを把握する

文を構造に還元して読むことの意義は、「係り受け」をはっきり意識して明快に提示することにあります。**係り受けとは主語と述語、修飾語と被修飾語のように、係る言葉と受ける言葉の関係性のことを指します。**

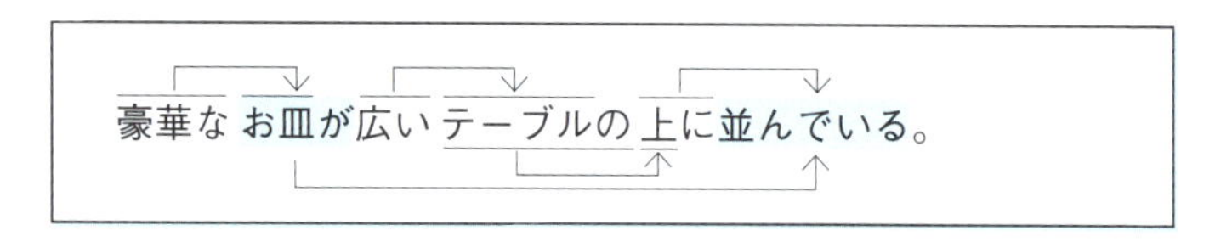

●主語と述語の係り受け

「並んでいる」のは　⇒「お皿」

●修飾語と被修飾語の係り受け

どんな「お皿」　⇒「豪華な」

どこに「並んでいる」⇒「上に」

何の「上に」　⇒「テーブルの」

どんな「テーブル」　⇒「広い」

例文で示したように、ひとつの文には言葉と言葉の対応関係がいくつも含まれています。その言葉はどこに係って、何を受けているのか。それぞれの言葉の意味を構造に還元して読み、つながりがおかしな箇所がないかチェックしていきます。

単文・重文・複文

係り受けを把握する上で、覚えておくと便利なのが「単文」「重文」「複文」の分類です。この分類を理解しておくと、入り組んだ係り受けが素早く把握できるようになるだけでなく、それを解きほぐしてシンプルな構造に組み直す作業が速くなります。

●単文：[主語＋述語]

彼女がお茶を飲みました。

●重文：[主語＋述語]、[主語＋述語]

彼女がお茶を飲み、私は話を聞いていました。

●複文：[従属節（主語＋述語）]＋[主節（主語＋述語）]

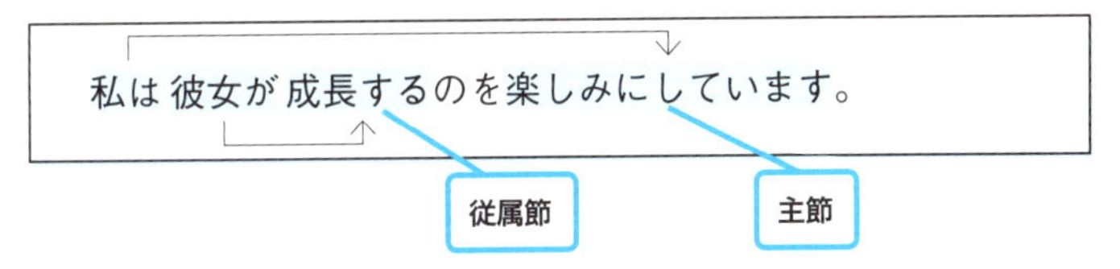

単文は、ひとつの文に主語と述語の組み合わせがひとつだけの文です。重文とは主語・述語の組み合わせが2つ以上あって、対等な関係で並んでいる文です。そして複文は、大きな主述を構成するパーツの中にも主語と述語が含まれている、いわば入れ子になった文のことを指します。

次のページに続く

複文でメインの主語・述語を「主節」、入れ子になったほうを「従属節」と呼びます。「私は彼女が成長するのを楽しみにしています。」という例文の場合、従属節が目的語の機能を果たしていますね。

構造を把握してコントロールする

では実際に、込み入った重文や複文を分析して読みやすくする作業にトライしてみましょう。**込み入った文章は、いったんすべて単文にほぐしてしまうのが、改善の第一歩です。**

彼女がお茶を飲みながら「旅行に行くからお土産を買ってくるね」と言ったから、私は楽しみにしています。

複文の従属節がさらに入れ子に！

彼女がお茶を飲んでいた。「旅行に行くからお土産を買ってくるね」と言った。だから私は楽しみにしています。

すべて単文にバラしてみたが……

だいぶシンプルになりましたね。しかしこれではカタコト感が強すぎ、人様に読ませる文章としてはつたなすぎる印象が否めません。また原文にあった因果関係がかえってわかりづらくなってしまいました。**関係が深い文は、複文でつなげたほうがわかりやすいこともあるということです。**

複文で滑らかにつなげる

彼女がお茶を飲みながら「旅行に行くからお土産を買ってくるね」と言った。だから私は楽しみにしています。

部分的に畳み込んで、滑らかさを出してみました。このくらいの中庸さがいい湯加減ではないかと思います。

おさらいですが、文を読むときは構造に還元して読むこと。主語・述語や修飾語・被修飾語の係り受けを把握し、きちんとかみ合っているかを確かめること。かみ合わせが複雑すぎたら、バラしてシンプルに。ブツ切りになりすぎてしまったら、重文、複文でつなげて滑らかに。**読み味を自在にコントロールできるようになるために、まずは構造を意識するところから始めましょう。**

生産量を上げたければ、構造をつかみ取る訓練が、回り道に見えて近道です。フィーリングでつらつら書いて、推敲で頭を抱えていませんか。

24 読点で区切る

前項で解説した通り、修飾／被修飾の関係のことを係り受けと言います。係り受けの関係がわかりづらいと、読者の誤読と脱落を招く原因になります。

読点は意味の切れ目を明示するための記号です。読点で区切ることで、関係の深い語句をまとめ、係り受けの関係を明確にすることができます。

× 美しい日本の私

美しい日本？　美しい私？

○ 美しい日本の、私

原文では「美しい」を受ける被修飾語が「日本」なのか「私」なのかはっきりしません。こういう状態を、私はよく**「係り受けが混濁している」**と言います。ここでは「私」の前に読点を打って、「美しい日本」という意味のまとまりを明確にしました。

△ 2007年2月に音楽ニュースサイトとしてオープンした当初のナタリーにはこれといったビジネスモデルがなかった。

○　2007年2月に音楽ニュースサイトとしてオープンした当初のナタリーには、これといったビジネスモデルがなかった。

原文は読点がない一文ですが、**係り受けが長く、音読したときにも息が続かない感覚がありませんか**。ここでは「ナタリーには」のあとに読点を打ちました。書き出しから「オープンした当初の」までが「ナタリー」に係っているのがはっきりしますし、苦しくなる前に息継ぎが取れるので、スムーズに読めるはずです。

読点を見た目の見地から打つ場合もあります。**ひらがなが並んで単語の切れ目を誤読させるような場合**です。

×　記者会見である重大な発表が行われる予定だ。

○　記者会見で、ある重大な発表が行われる予定だ。

原文をそのまま読み進めると「記者会見である」という部分がひと区切りに見えて、おや、となりませんか。読点を打って、「記者会見で」という部分を正しく切り離しましょう。

読点のない文章は長すぎる麺のようで、すすっていて苦しいもの。本来的な用法ではありませんが、視覚的な区切りとしても役立てましょう。

CHAPTER 2　読んで区切る

25 ひとつの文で欲張らない

×　キュレーションとは要するに見かけのいいバケツであって、水をくむ場所がなければ成り立たないのだが、現在はその水をくむ場所を作ることが軽視される傾向があるようにも思われるため、ナタリーでは記事を生産し、内容を作り出す、つまり水の湧き出す井戸の役割を担うことをポリシーとしている。

言いたいことは何？

ひとつの文章に乗せる情報量をコントロールできるようになりましょう。一文で朗々と語り継いでいくスタイルは美文調ともいわれ、雄弁なイメージを持たれがち。しかし読み手にとっては文意を追う負荷が増える一方であり、実用的な文章には不向きといえます。

○　キュレーションとは要するに見かけのいいバケツであって、水をくむ場所がなければ成り立たないものだ。しかし現在はその水をくむ場所を作ることが軽視される傾向があるようにも思われる。このためナタリーでは記事を生産し、内容を作り出す、つまり水の湧き出す井戸の役割を担うことをポリシーとしている。

基本のスタイルは一文一義の原則。情報を小分けに運ぶと、混乱も負荷も減らすことができます。改善文では、原文をトピックのかたまりごとに3つの文に分け、接続詞を補いました。

1文目は「キュレーション」について、2文目は現在の「傾向」、3文目はそれを踏まえた「ナタリーのポリシー」です。一連の文で言いたいことが、段階を踏んですっきりと伝わる文になったと思いませんか。

ちなみに1文目は「キュレーションとは要するに見かけのいいバケツである。」と単文に分割することもできますが、「水をくむ場所がなければ成り立たないものだ。」という内容とのつながりが強いため、複文のままで残しました。**一文一義と言っても、すべてを単文にバラすということではないのに注意しましょう。**

文芸の世界ならともかく、実用的な文章の世界では、わかりやすさが第一。ギリギリぶっきらぼうではないくらいの素朴さがいい湯加減です。

26 漢字とかなのバランスに注意する

黒っぽい

曽我部恵一が十二月二十四日に新譜「My Friend Keiichi」を発表。一晩で完成させたと云う、全て弾き語りに依る十一曲を収録。外装表面には自画像が描かれ、個人的雰囲気が包装からも感じられる。

曽我部恵一が12月24日にニューアルバム「My Friend Keiichi」をリリースする。ひと晩で完成させたという、すべて弾き語りによる11曲を収録。ジャケットには自画像が描かれ、個人的な雰囲気がパッケージからも感じられる。

曽我部恵一が12月24日にニューアルバム「My Friend Keiichi」をリリースする。曽我部がひと晩でこしらえたという、すべて弾き語りによる11曲が収められる。ジャケットにはポートレートが描かれ、パーソナルなフンイキがパッケージからも感じられる。

白っぽい

遠目に例文を見てもらうと、上のブロックから下に向かって、黒っぽいグレーから白っぽいグレーへのグラデーションに見えませんか。**文章の中で漢字の割合が多いと段落は黒く、少ないと段落は白く見えるものです。**

パッと目に飛び込んだ段落が黒っぽいと、多くの読み手は難解な論文や漢文のような印象を抱き、内容に触れる前に離脱してしまうでしょう。

一方でひらがな・カタカナばかりであまりに白い文面も、中身はどうあれ間が抜けて見えて、時間を割いて読むに値しない内容だと断じられてしまいます。

このように、文面をビジュアル的にデザインする意識は、話題や論旨と同じくらい完読のために必要です。**漢字の割合をコントロールして、文章の用途にマッチした、ほど良いグレーを目指してください。**

漢字の割合のコントロール方法

言葉を漢字で記すことを「閉じる」、かなで記すことを「開く」と呼びます。閉じ開きは媒体のルールにも依存するので一概には言えませんが、もし自分でルールを設定できるなら、もっとも容易に漢字の分量を制御できるでしょう。

閉じ開きに次いでコントロールしやすいのが、「自画像→ポートレート」といった単語の言い換えです。「個人的雰囲気→個人的な雰囲気」のように、名詞化された句を文章化するのも効果があります。

良いことを書いていても、読み始めてもらえなければ何も伝わりません。サービス精神を持って、取っ付きやすい文面にデザインしましょう。

27 本来の意味から離れた漢字はかなに開く

明治から現代までの新聞を見ていくと、基本的には年を追うごとに紙面が白っぽくなっていることがわかります。**日本語の閉じ開きのスタンダードは年々、開き方面にシフトしている**のです。

したがって書き手としても、世間一般の閉じ開き感覚にアジャストしていく必要があります。どういった単語が開けるのか、具体的に例をあげてみましょう。

 記事を書いて配信する事は製造業の一種です。

 記事を書いて配信することは製造業の一種です。

原文の「事」は「事柄」という意味の名詞ではないので、「こと」とひらがなに開くのがもはや一般的です。このように実質的な意味のない、本来の意味から離れてしまった名詞を形式名詞と呼びます。

たとえば「新しいもの」の「もの」、「着いたとき」の「とき」、「出るところ」の「ところ」などが、形式名詞の代表格です。実用的な文章では、基本的にひらがなに開いたほうがいいでしょう。

動詞や形容詞にも、本来の意味から離れた用法があります。

△	観客が感動を欲して居ると言うことを知って欲しい。

○	観客が感動を欲しているということを知ってほしい。

まず「言う」が本来の「say」という意味から離れていることを認識してください。こういった使われ方をするときは形式動詞と呼ばれ、ひらがなに開くことがスタンダードです。

また文末の「欲しい」は直前の動詞を補助する存在として使われています。**ほかの動詞に連なるかたちで意味をサポートしている形容詞や動詞を補助形容詞、補助動詞と呼び、これも多くの場合で開きます**。「欲して居る」の「居る」も補助動詞ですね。

なお「歩み寄る」「書き殴る」「開き直る」のように、本来の意味が失われずに連結されている動詞は複合動詞と呼ばれ、閉じたままのケースが比較的多くなっています。

ひとつの文章の中で閉じたり開いたりの基準がブレると、だらしなく見られます。表記ルールを定め、ブレが生じないように注意しましょう。

CHAPTER 2　事実確認

28 誤植の頻発ポイントでは事実確認を厳重に

大量の記事を日々校正していると、おのずと誤植が頻出する箇所、パターンがわかってきます。チェックするこちらにも動物的嗅覚が養われてきて、そういった危なげな箇所がハイライト表示されるというか、勝手に太字に見えるようになってきます。

誤植の頻発ポイントとは、固有名詞、数字、そして最上表現。まず固有名詞、すなわち人名、作品名、場所名などの書き方と確認から述べたいと思います。

固有名詞は必ず確認。手打ち禁止でコピペせよ

×	“特撮リスペクトバンド”・科学特捜隊
○	“特撮リスペクトバンド”・科楽特奏隊

言うまでもないことですが、他人が書いた文章をコピー＆ペーストして使用するのは、部分的にせよ御法度です。しかし一方で私は、**「固有名詞は手打ち禁止。公式ソースからコピペしろ」**と口を酸っぱくして言っています。なぜでしょうか。

プレスリリースにせよ公式サイトにせよ、それが主催者サイドのチェックを受けているとしたら、少なくとも自分の指先よりは信用度が高いからです。特に人名やバンド名は例文のようにヒネったものが多く、校正者の目をすり抜けてしまいます。校正者

は変換が正しいとスルーしてしまう習性があるのです。

私の編集部では「手打ち禁止」に加え、**すべての固有名詞を検索窓に放り込んで複数ソースで確認すること**を義務付けています。「検索結果なんてアテにならん」「リリースも誤字だらけじゃないか」という意見もありますが、それでもやらないよりは千倍くらいマシなのです。

固有名詞の誤植は、単にウソを流布してしまうという以上に、関係者やファンの心を傷付けてしまう危険をはらんでいます。その重大性を自覚してください。

最上表現は事実確認を厳重に

最上表現とは「唯一の○○」「○○トップ」「○○初」「○○のみ」といった、最高・最大・唯一性にまつわる表現のこと。強いアピール力を有しますが、同時にミスの発生しやすいポイントでもあります。

> 「攻殻機動隊 新劇場版」音楽を、小山田圭吾（Cornelius）が担当した。小山田が長編映画の音楽を担当するのは**これが初めて**。

ほんと？？？

もしほかにまだ誰も気付いていない最上表現を用いるときは、一も二もなく、裏を取ってください。仮にそれが事実だとすれば、よそを出し抜いて強い訴求力のある記事になるでしょう。

また仮に公式情報だったとしても、**最上表現を見つけたらまず疑ってかかる癖を付けてください**。

次のページに続く

数字はミスの地雷原

最上表現ほどではないものの、事実誤認を起こしやすいのが数字です。

ほんと？？？

> 中森明菜がNHK紅白歌合戦に出演するのは、12年ぶり8回目。

数字は文章に具体性と客観性を与え、キャッチーにしてくれる便利な要素ですが、同時にミスの地雷原でもあります。年月日、金額、個数、データ、期間など、数字が出てきたらすべて厳重にチェックしてください。

また「享年」や「〜年ぶり」のように、数え方が少し厄介なものもあります。ちなみに前者は数え年で、後者は満の数え方で計算します。いずれも間違いがないように細心の注意を払ってください。

固有名詞・最上表現・数字を見かけたら、心のパトランプが点滅するように。確認の電話を入れるもよし、念には念を入れて裏取りを。

CHAPTER 2 推敲の仕上げ

29 修正したら必ず冒頭から読み返す

文章の一部分を修正すると、そこだけを読み返して見直したつもりになってしまう人がいます。しかし助詞ひとつでも直した文章は、必ず冒頭から読み直して推敲してください。

なぜなら修正で部分的に改善されていたとしても、通して読むと前後のバランスや全体のリズムがちぐはぐになっているケースがままあるからです。ツギハギ感が出てしまうと読み味が落ち、結局は完読の妨げとなってしまいます。

読者は基本的に文頭から読み始めるもの。どう受け取られるかを考えるには、**常に読者の目線をシミュレートして過去のメモリを消し、初読のつもりで初っぱなから読み直してください。**

どんな長文でも、仕上げの読み直しはおっくうがらず冒頭から。初読の読者がどんな印象を持つのか知るのに、ほかの近道はありません。

ナタリー的とは ❷

肩入れしない、批評しない。感想を書くのはユーザーの仕事

ナタリーのメディアポリシー、2つ目が「フラット」です。これはやや込み入った考えなので「公平性」「客観性」「網羅性」と3つに分解して説明しています。

まずは「公平性」。これはどこにも肩入れしないということです。一般にメディアは、取り扱いジャンルのどこか一部分に肩入れすることでカラーを出し、媒体の輪郭を作るものです。

たとえばEDMならこのアーティストがイチオシだとか、今年はこのブランドに注目だとか、ポルシェが最高、とか。この「オススメ」とか「イチオシ」という態度を用いずに取り扱うべし、というのが、フラットのひとつ目の意味です。

次が「客観性」。これはメディアの運営者が主観を述べないということです。そのため広告以外では、レビューや感想文が掲載されることはありません。良いとか悪いとか面白いとかつまらないとか、ジャッジするような言葉も使いません。

自分の意見を広く発信したくてメディアに携わっている人も多いかとは思いますが、ナタリーでは主観を述べるのはユーザーの仕事だと定義しています。主観を述べる際のソースとして役立てていただきたい、というのがナタリーの存在意義です。

誰もが主観を発信するSNS時代の到来は、どうやらこの考え方にフィットしていたようです。Twitterにおけるナタリーの情報ソースとしての利用度は、同ジャンル他媒体のおよそ10倍を記録しています。

第３章
もっと明快に

読者の負担を取り除いてもっと伝わる文章にする

文章力の教室もかなりレベルが上がってきました。この章では文章を磨いていくポイントを、さらに具体的に、さらに細部まで見ていきます。

実用的な作文は、創作や芸術ではなく、サービス業だと考えてください。すなわち読者に頭を使わせず負担を与えず、伝えたいことをすんなり最後まで飲み込んでもらえるように提供することが、この作業の核心なのです。

もし理解してもらえなかったり、途中で離脱されたりするのだとしたら、それは書き手に難があるせいである、というマインドセットが常に必要となるでしょう。

たとえば着飾った美文調で書きたいとしても、読者の理解の妨げになるとしたら、それは我慢し

てソリッドな表現を心がけるべきです。自分から謡うようにフレーズが出てきたとしても、そのままでは読者に頭を使わせてしまうとしたら、飲み込みやすく刻んであげなければなりません。

これらの作業は難しくはありませんが、まったくもって楽しい作業ではありません。そのためこのプロセスを飛ばして、低いレベルのまま他人に読ませてしまう書き手があとを絶ちません。

具体的な改善ポイントはこの章で示していきますが、それを受け入れて直していけるかどうかは書き手の気持ち次第。どうか伝えたいことが伝わることが第一義と思い出し、書き手の気持ちよさや表現欲求は二の次、三の次に回す、大人の書き手になってください。

CHAPTER 3　ソリッドさ

30 身も蓋もないくらいがちょうどいい

「とにかく短く」は最初だけ

多くの文章読本やライター講座では、「文章はなるべく短く」「余計な言葉を削って」「タイトでソリッドな表現を心がける」と教えています。この教えはある意味では正しく、ある意味では間違っています。

というのも、訓練を受けていない方が文章を書くとおおむね冗長に書きがちで、タイトすぎる文章を書いてくる人は1割もいません。したがって入門者には四の五の言わず、とにかく短くソリッドに、とお題目を掲げるのが常道なのでしょう。

唐木ゼミでも新人のうちは、「身も蓋もないくらいでちょうどいい」と言い切っています。それでも覚えていただきたいのは、完読のためほんとうに目指すべきは、適切な長さの文章、適度に締められた文章なのだということ。短文一辺倒でもタイト一辺倒でもいけません。

まずは論旨を引き締める

なぜ初心者は冗長な文章を書いてしまうのか。私はその原因は主に不安にあると考えています。自信のなさゆえ、断定を避けて濁したり、言い回しを和らげようと余計な表現を足したりしてしまいがちになる。もしくは分量をかさ増しして、無内容なのにさも意味のあることを言っている気になる。

こういう文章は読み進んでもいっこうに文意が伝わらず、水で薄められたサイダーのような、あいまいな読み味だけが積み重なっていきます。当然ながら離脱者がボロボロ出て、完読されない文章となってしまいます。

したがってタイトな文章を書くいちばんの秘訣は、第１章の主眼と骨子の項に戻って、話題と論旨をしっかり組み立てることです。事実とロジックがグラグラな文章は、表面的に締めたところですぐにメッキがはがれてしまうもの。言っていることに自信があれば、おのずと文章はタイトに明快になっていくでしょう。

事実とロジックが確かになったとして、それでも冗長さが漂ってしまうなら――。そういうときに改めるべき箇所を、次のページから具体的に紹介していきます。**文章をタイトに、ソリッドに締めていくテクニックを身に付けて、心地よい読み味を出せるようになってください。**

肥満でも痩せすぎでも魅力的に映らないのは人間も文章も同じ。健康的なダイエットを目指して、適正な肉付きのボディを手に入れましょう。

CHAPTER 3 ソリッドさ

31 余計な単語を削ってみる

×
オバチャーンというアイドルグループは、平均年齢 63.5 歳の大阪のアイドルグループ。そしてオバチャーンの新曲は、とても陽気でハイテンションなスカナンバーに仕上がっている。しかも関西のスカバンド THE MICETEETH が演奏を務めている。

○
オバチャーンは平均年齢 63.5 歳の大阪のアイドルグループ。新曲は陽気なスカナンバーに仕上がっており、関西のスカバンド THE MICETEETH が演奏を務めている。

文章をタイトに締めていくにあたって、まずは余計な言葉を削っていきましょう。例文では以下のポイントをチェックしました。順に見ていきましょう。

1 接続詞を削る
2 重複を削る
3 「という」を削る
4 代名詞を削る
5 修飾語を削る

1　接続詞を削る

改善文では原文にあった接続詞をすべて削っています。接続詞は文のつながりを強調し、導線の役割を果たすもの。ここぞというときに使えば印象的な展開を狙えますが、そもそも文の内容がスムーズに連結されていれば必要ないケースが多いものです。

接続詞を見かけたら、まずは削れないかと疑ってみてください。削っても意味が通じるなら、それは構成に対する自信のなさから使っていた余計な接続詞です。迷わずカットしましょう。

また接続詞を省いて意味が通じないようであれば、文章の流れが練れていないまま、接続詞の力を頼って強引につなげようとしているのかもしれません。流れに沿うよう見直し、それでもやはり必要なときのみ、接続詞を用いるように心がけましょう。

2　重複を削る

重複チェックの重要性は第2章で解説した通りです。対処としてほかの表現への置き換えをすすめてきましたが、いずれかを削ったほうがいいケースもあります。

原文では「オバチャーン」という言葉が1文目、2文目ともに文の始めに出現しています。2回目を「彼女ら」と人称代名詞に置き換えてもいいですが、なくても通じるのでバッサリ削除しました。

3　「という」を削る

内容説明の意味を持つ「という」は、文をソフトな印象にするせいか多用されがちですが、多くの場合、削っても問題ありません。先ほどの「オバチャーンというアイドルグループ」の場合も、冗長さを呼び込んでしまっています。重複にもつながりやすいた

次のページに続く

め、削れるときは積極的に削っていきましょう。

4　代名詞を削る

固有名詞で始まり、それを受けた代名詞が何度も繰り返されている文章をよく見かけます。**2回目以降に登場する人称代名詞や指示代名詞は、省いても意味の通じるものも少なくない、と覚えておきましょう。**

なお主語を明確にするために使われている代名詞など、伝達のために最低限必要な言葉は、削ってはいけません。

5　修飾語を削る

過剰な副詞や形容詞も積極的に削りましょう。例文では「とても陽気でハイテンションなスカナンバー」から、「とても」と「ハイテンションな」を削りました。「とても」にあまり意味がないのと、「ハイテンション」は意味的に「陽気」とダブっていたからです。

修飾語は文章に彩りを与える半面、しばしば冗長さに直結します。伝えたい内容があいまいになるだけでなく、余計な部分が悪目立ちしてくどい印象になることも。強調の副詞や形容詞でインパクトを与えるのは、ここぞという場に絞るべきです。

書き終えた文章は、自分ではジャストフィットに見えてしまうもの。読み手の立場にモードチェンジすることで、ぜい肉が見えてきます。

CHAPTER 3　ソリッドさ

32 余計なことを言っていないか

前項では、文章をソリッドにするために削れる言葉の代表例をピックアップしました。文章を冗長にする表現はまだあります。自信がないときや、親切に書こうとするときに陥りがちな冗長表現をいくつか見ていきましょう。

1　逆接以外の「が、」
2　脱線
3　エクスキューズ
4　メタ言及
5　定型文・慣用句

1　逆接以外の「が、」

この数週間自宅でゆっくり過ごすことができずにいたが、今週末は久々の休みだ。

逆接でない「が、」で終わる節は、丸ごと削っても意味が通じる場合があります。必要なければ削ってしまいましょう。

「恐縮ですが、」「私事ですが、」「お手数ですが、」など、マナー辞典でクッション言葉といわれる言葉もこの一種です。メールなどではコミュニケーションを円滑にする言葉づかいも、事実を正しく伝える文章においては邪魔になります。

次のページに続く

なお逆説でない「が」については、次項（レッスン33）でも解説します。

2　脱線

「ちなみに」「余談ですが」と前置きをして、本筋と関係の薄い話を長々と書いている場合があります。**いくら面白いエピソードでも、長く続くと読者は読解に混乱をきたします。**

「話を戻すと」という、強引に方向修正するマジックワードもありますが、必殺技はいざというときにだけ使いましょう。実用的な文章の場合、構成はあくまでも論理的に。段階を踏んだ、わかりやすい一本道を用意してください。

3　エクスキューズ

「あくまで個人としての意見ということを強調しておきたいが」
「ひょっとしたらお気に召さない方もいるかもしれないが」

こうした言い訳の言葉を書いていないでしょうか。

人の目に触れる場所で何かを断定したり意見を述べたりすることは、大変に勇気がいることです。だからといって予防線を張って逃げ道を作ってばかりいると、文章はどんどん冗長になり、弱腰なのが読者に見透かされてしまいます。

そんな人の書いた言葉を、どれだけの人が貴重な時間を割いて読み続けてくれるでしょうか。**言い訳（エクスキューズ）は勇気を持って削りましょう。**また断定できないようなあやふやなことは、そもそも言わないほうがいいでしょう。

4　メタ言及

メタ言及とは、「周知の通り」「ここで重要なことは」など、**文**

中で文の読み方について誘導したり補足説明したりする言葉です。時々使うぶんにはいいのですが、多用すると書き手の視点を押し付ける印象が強くなり、イヤミな文章になります。

メタ言及的な言葉をわざわざ使いたくなるのは、話題が主題とかみ合っていないからです。余計な言い足しをせずとも内容が伝わる構成になっているか、よくよく確かめましょう。

●メタ言及的な言葉

注目すべきは／私の知る限りでは／これから話すことは／繰り返しになるが……

5 定型文・慣用句

ありふれた定形文や手垢の付いた慣用句が出てきた途端、文章がいきなり陳腐になってしまうことがあります。書き手が自分の言葉で考えることを放棄したか、手抜きをしたように見られるからです。

紋切り型とも呼ばれますが、**もっともらしさだけが欲しくて書かれたような言葉は、余分なだけにとどまらず、読んでる人を白けさせてしまいます**。身も蓋もないくらいでちょうどいい、と思って削りましょう。

たとえ文学的に響いたとしても、必然性の低いフレーズは機能の妨げになりがちです。美辞麗句に頼らず、内容で勝負しましょう。

33 「が」や「で」で文章をだらだらとつなげない

逆説？　順接？

初の海外ライブとなった台湾公演だが、現地のファンが多数集まり、会場は開演前から異様な熱気に包まれていた。

○
初の海外ライブとなった台湾公演には、現地のファンが多数集まり、会場は開演前から異様な熱気に包まれていた。

接続助詞の「が」には、２つの文章をあいまいにつなぐとても便利な機能があります。「今日は晴れだが、洗濯でもしようか。」「勘違いしていたが、今日は水曜日だった。」などと、日常会話でもよく使います。

一方で「が」は、逆説のイメージが強い接続助詞でもあります。原文は間違いではありませんが、「初の海外ライブとなった台湾公演だが」まで読むと、何か悪いことが起きたようにも読めます。しかし後半は逆説の内容にはなっていません。実際にはライブは大成功だったわけですから、「台湾公演には」と順接でつないだほうが、ストレートで伝わりやすい文章になります。

「が」と並んで気を付けたいのが、「で」で要素を列挙していく文章です。

△	暑いので、待っているのも辛かったので、いったん家に戻ったので、到着が遅くなってしまった。

○	暑くて待っているのも辛かった。いったん家に戻ったら、到着が遅くなってしまった。

話し言葉のように「で」でだらだらと文章を続けると、冗長そのものになってしまいます。区切るところは区切って、意味の単位をはっきりさせましょう。

「が」や「で」で連結しながら、言い切らないまま延々と話し続けるような書き方を、ゼミでは**「謡(うた)うように書く」**と呼んで注意を促しています。思いつくまま朗々と吟じる、吟遊詩人のようなイメージですね。

主眼と骨子を固めずに場当たり的に言葉を継いでいく語り口は、ガールズトークにも似ています。井戸端会議なら楽しい時間ですが、文章として読まされると文脈が追えず、付き合いきれなくなってきますので、タイトな語り口を心がけたいものです。

思いつくままに書きつけると、とりとめなさが前面に押し出されて、読まされる身としては大変しんどいものに変質します。ご注意あれ。

34 翻訳文体にご用心

△	私は休みを取ることができるでしょう。
○	私は休みを取れるでしょう。

冗長表現の一ジャンルとして、私が**「翻訳文体」**と呼んでいる言葉づかいがあります。翻訳文体とは、海外文学の翻訳ものなどでよく見かけられる、持って回った言い回しのことを指します。

原文は単純に文字数が多く、回りくどい言い方になっていることがわかると思います。「することができる」という日本語が誕生したのは、多分に下記のような事情でしょう。

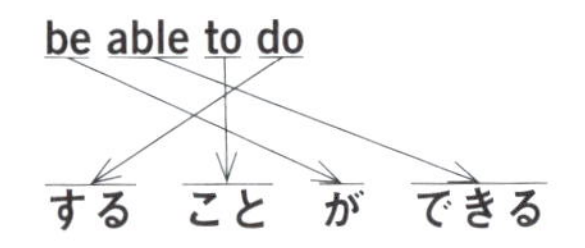

こういった**単語ひとつひとつに対応した日本語を当てはめようとする訳し方を逐語訳と呼びます**。翻訳家が原文のニュアンスを丁寧に訳出することを狙ったものですが、実用的な文章ではどうしても冗長に響いてしまいます。逐語訳をルーツに持つであろう翻訳文体はほかにもあります。

△	彼女は努力しようとしてきたわけではなかった。

○	彼女は努力してこなかった。

いかがでしょうか。翻訳文体は文学的ではありますが、冗長さに直結しやすい表現でもあります。内容をシンプルに伝えたい文章では控えたほうがいいでしょう。

なお翻訳文体と関連して、**学術論文のようなお堅い言葉づかいも、冗長さや読みづらさの一因となるものです。**

×	主眼を考える過程においては、その内容が価値を有するかを検証することから開始するべきです。

○	主眼を考えるときは、その内容に価値があるかを確かめることから始めるべきです。

原文は漢語が多く、また「過程において」のように外国語の前置詞づかいを思わせる言い回しが頻発していますね。一読して、ゴツゴツした読みづらさを感じるのではないでしょうか。改善文ではそれぞれ日常語に直してみました。

持って回ったニュアンスをもたらす翻訳文体は、一瞬カッコよく映りますが、明快さの敵となります。作文の目的を見失わないように！

CHAPTER 3 キャッチーさ

35 濁し言葉を取る勇気を

言い切らない誠実さ、切り捨てるキャッチーさ

「など」「といった」「ほか」「ら」……。これら、**記述したもののほかにもなんらかの存在があることを示す言葉を、唐木ゼミでは「濁し言葉」と呼んでいます。**

たとえば並列の情報が全部で8つあるとき、A、B、C、D、E、F、G、Hとすべて書き連ねるのは、文字数の都合で難しいことが多いでしょう。そこで「AやBなどが」と濁して記述すると、一定のスマートさを得ながらも全体を述べられた気がします。**ほかの要素をにおわせることで、事実に対してある種の誠実さが保たれるわけですね。**

しかし読者としては、なんだか輪郭がモヤモヤしてきて、あいまいな印象を受けます。たとえば「AやBらがCやDなどでE、Fといった楽曲を披露する」なんて文章があったらどうでしょうか。ひとつも言い切っていなくて、なんなんだ！　という気持ち

にならないでしょうか。

一方で「AやBが」と**誠実さを切り捨てたときに得られる強さ、キャッチーさ**があります。このことを、ゼミでは**「誠実さとキャッチーさの相克」**と呼んでいます。

△ 7月11日22時よりNHK Eテレにて放送される「SWITCHインタビュー 達人達（たち）」に、永井豪らが出演する。

ほかにも出演者はいるけどマンガ家は一人だけ……

○ 7月11日22時よりNHK Eテレにて放送される「SWITCHインタビュー 達人達（たち）」に、永井豪が出演する。

ケースバイケースですが、たとえばコミックカテゴリに出す記事だとして、A、Bがマンガ家、C以降はイラストレーターだった場合、思い切ってAとBだけで切り捨ててしまう考え方を推奨しています。確かにほかにも出演者はいます。しかし「AとBが出演する」という記述も、部分的でこそあれ、何ひとつ間違ってはいませんよね。

例文はテレビ番組の紹介です。実際は永井豪さんだけが出演しているわけではありません。もし誠実さを重視するのであれば、出演者全員の情報を列挙するべきでしょう。しかしとても読みにくい原稿になりますし、情報が分散してアピール力も弱まります。そこで改善文ではあえてひとりの出演者に絞り込み、キャッチーな印象を強める方向を選びました。

次のページに続く

ときには言い切るキャッチーさを

物事をほんとうに誠実かつ正確に伝えようとすると、必ず歯切れの悪い表現になります。たとえば「○○はがんに効く」。よく見かけるキャッチフレーズですが、誠実な医学博士なら「○○は65歳以上の男性300人を対象とした実験で、30パーセントに有意な効果が認められている」と説明するはずです。事実に誠実になればなるほど、キャッチーな言い切りができなくなります。

全情報を羅列するか、濁し言葉でまとめるか、濁し言葉を削るか。それぞれの場合の、表現としての強度、事実に照らしたときの誠実さについて、考えてみてください。ここで絶対的な正解はありません。それぞれにメリットとデメリットがあり、状況に応じて選ぶことになります。

ただ伝える相手の興味がはっきりしている場合、それに即して濁し言葉を使わない方法がもっとも強い表現となります。一方で全情報を羅列するのは、可読性は落ちますが、壮観になりますし、固有名詞に引っかかってくれる人も増えましょう。

完読してもらう原稿にするためには、情報を適切に取捨選択する必要があります。濁し言葉を削ってもウソにならないなら、削るのも手です。さまざまなパターンを検討しながら、誠実さとキャッチーさの、ほど良いバランスを探ってください。

何かを切り捨て焦点を絞るには覚悟が必要。よくないのは、不安や配慮に押し切られ、玉虫色の表現に陥ることです。いつも読者本位で考えて！

CHAPTER 3 キャッチーさ

36 伝聞表現は腰を弱くする

× 9月12日に青森・夜越山スキー場で開催されるといわれている野外フェスティバル「AOMORI ROCK FESTIVAL ～夏の魔物～」の出演アーティスト第3弾が明らかになったとのこと。

どこまで事実？ 決まっていないの？

○ 9月12日に青森・夜越山スキー場で開催される野外フェスティバル「AOMORI ROCK FESTIVAL ～夏の魔物～」の出演アーティスト第3弾が明らかになった。

文章に書く内容は、事実として断定できることばかりではありません。不確かな伝聞や自分の推量は、「～とのことだ」「～そうだ」「～らしい」「～ようだ」と、それとわかるように書くのが基本です。

一方で、自分の感覚や体験以外の情報はすべて伝聞によってもたらされたものだともいえます。**ニュースでも新聞でも、取材をもとに伝える内容は、厳密にはすべて伝聞情報です。**

しかしだからといって、もしもニュースで「アメリカ大統領が再選したらしい」「週末に台風が上陸しそうだ」と伝聞表現ばかりを使ったらどうでしょうか。一気に説得力がなくなりますし、ま

次のページに続く

るで自信のない人がしゃべっているようで、媒体の信憑性すら危ぶまれます。**裏が取れた事実や取材に基づいた話題は、人づてであろうと断定的に語っていいのです。**

原文は野外フェスティバルの出演者情報を知らせる記事を、あえて伝聞調にしてみたものです。公式発表された情報を、「開催されるといわれている」「明らかになったとのこと」と伝聞調で伝えているので、なんとも締まりがない文章になってしまいました。

人から聞いた情報を、さも自分の言葉のように語るのは厚かましい行為に思えるかもしれません。けれども前項でもお伝えしたように、読んでもらうためにはキャッチーさも必要。**誠実さとキャッチーさをてんびんにかけて、言い切る勇気を持ちましょう。**もし言い切る自信の持てない不確定情報だとしたら、そもそも情報収集からやり直しです。

●断定

〜だ／〜である／動詞・形容詞の終止形

●推量

〜らしい／〜のようだ／〜だろう／〜と思われる／〜と考えられる

●伝聞

〜だそうだ／〜とのこと／〜と聞いた／〜といわれている

他人から聞いたことを自分の言葉で語るのはそもそも厚かましい行為だと理解した上で、それでも断定する心意気を持ちましょう。

CHAPTER 3 係り受け

37 複雑な係り受けは適度に分割する

× 赤塚不二夫の代表作「天才バカボン」の初長編アニメ化となる今作の監督を務めるのは、鷹の爪団などの個性的でナンセンスなアニメ作品を制作してきた奇才 FROGMAN だ。

述語から順に分解していく！

第 2 章で触れた通り、係り受けが複雑すぎる文は、分解してシンプルにしましょう。**わかりにくい文を解読するときは、日本語では後ろからほどいていくのが鉄則です。**

例文は 4 行にわたって句点がない一文です。係り受けが入り組んでいて意味が取りづらいですし、読んでいて息切れする感覚があります。

まずこの例文の幹となる主語と述語はどれでしょうか。述語は文末の「FROGMAN だ」、主語は「務めるのは」ですね。

(監督を) 務めるのは／ FROGMAN だ。

では後ろから文末から順に、係り受けの関係を確認していきましょう。まず「FROGMAN だ」に係る修飾語です。

次のページに続く

鷹の爪団などの

アニメ作品を→制作してきた→FROGMANだ。

個性的でナンセンスな　　奇才

「アニメ作品」にも「鷹の爪団などの」「個性的でナンセンスな」という複数の修飾語が係って、係り受けが入れ子になっているのがわかります。

次は主語「務めるのは」の修飾語です。

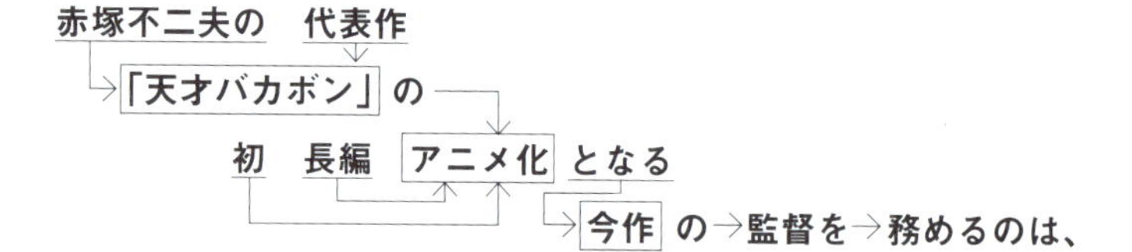

主語にも長い従属節が係っており、大変複雑な複文になっています。従属節の中の「今作」にも、「赤塚不二夫の代表作「天才バカボン」の初長編アニメ化となる」という長い節が係っていますね。

そこでまず、「今作」までで句点を打ってみましょう。

> ○ 赤塚不二夫の代表作「天才バカボン」の初長編アニメ化となる今作。監督を務めるのは、鷹の爪団などの個性的でナンセンスなアニメ作品を制作してきた奇才FROGMANだ。

これだけで「務めるのは／FROGMANだ。」という主語・述語の幹がだいぶわかりやすくなりました。

係り受けをもう少しほどいてみましょう。「初長編アニメ化」という7文字でひとつの句を文章に戻せば、さらに読みやすくなります。

○ 赤塚不二夫の代表作「天才バカボン」が長編アニメ化されるのは、これが初めて。監督を務めるのは、ナンセンスなアニメ作品を制作してきたFROGMANだ。

「初」と「長編アニメ化」を分けて、「長編アニメ化されるのは、これが初めて」としてみました。

このように、文を読み返したときにわかりにくさを感じたら、係り受けをバラしてみましょう。文の構造を把握する、いい訓練にもなります。

複雑な複文・重文をバラすときは、必ず構造に還元して主述関係を把握し、述語からほどいていくのが定石です。なにより修飾過多にご用心。

38 係り受けの距離を近づける

一気にどうしたのか？

× 一気に後半、彼らの代表曲が次々に披露され、会場のファンの熱気が上昇した。

○ 後半、彼らの代表曲が次々に披露され、会場のファンの熱気が一気に上昇した。

文の意味を正しく伝える上で、係る言葉と受ける言葉の位置は重要です。**主語と述語、修飾語と被修飾語は、基本的に近づけて置くようにしましょう。**

例文はコンサートが盛り上がった状況を伝える文です。このため原文では**「一気に」という勢いのある修飾語が前に出ていますが、それを受ける言葉がいつまでも現れないため、読者にストレスを与えます。**被修飾語の直前に置いて「一気に上昇した」とすればすっきりします。

△ なぜ、引退を決意した前作から10年あまりのブランクを経て、彼は再び歌う心境になったのか。

○ 引退を決意した前作から10年あまりのブランクを経て、彼はなぜ再び歌う心境になったのか。

原文では「なぜ」という問いかけから、それを受ける「なったのか」まで距離があるため、読者にストレスを与える表現になっています。改善文は被修飾語までの距離を近づけたぶん、落ち着いた印象になっているのではないでしょうか。

正しく誤読の少ない文にするには、係り受けの距離を縮めるのが基本原則です。

ただしこれはあくまで基本原則であることも付け加えておきたいと思います。「なぜ」という強い問いかけで始まる文は、ストレスが続く一方で、緊張感のある表現だともいえます。全体のバランスを見ながら、あえて表現として選択するのも、それはそれで間違いではありません。

最初にお伝えしたように、文章は「どうすれば完読されるか」をイメージしながら表現を磨いていくものです。自分で設定したゴールに向けて、どんな表現が最適かを探ってみてください。

筆が乗っていて、勢いよく書きつけているときほど発生しやすいのが遠い係り受けです。調子がいいときほど意識的にチェックを心がけて。

CHAPTER 3　係り受け

39 修飾語句は大きく長い順に

1　長いものほど先に置く

複数の修飾語句を並べるときには、原則として長いものを先、短いものを後ろに置きます。

×	貴重な 80 年前の保存状態がいい直筆原稿が発見された。

80年前の保存状態？

○	保存状態がいい 80 年前の貴重な直筆原稿が発見された。

原文では「直筆原稿」に 3 つの語句が係っています。

貴重な
80 年前の
保存状態がいい

長いものを後ろに置いていると、「80 年前の保存状態」のように本来の意図とは異なる係り受けが発生し、誤読の原因になります。「長いものから先に置く」という原則を覚えておけば、このようなミスを避けやすくなります。

2　大きな状況を先に置く

意味合いとしてより大きな状況を示すものは、先に並べたほうがすっきりします。修飾語句の長さよりこちらを優先したほうがいい場合もあります。多くの場合、時を表す表現は先に出したほうがわかりやすくなるでしょう。

　幕張メッセでPIZZA OF DEATH RECORDSの主催イベントが6月20日に開催された。

大きな状況を先に

○　6月20日に幕張メッセでPIZZA OF DEATH RECORDSの主催イベントが開催された。

改善文では「6月20日に」を先に出し、日付、会場、催しと、大きな状況から個別の状況へと順番を整理して並べ直しました。最初に日付で大きな状況が提示されるので、長い固有名詞が続いてもつかえずに、自然に頭に入ってくる文になったのではないでしょうか。

語順を入れ替えると意味が通じやすくなることを体感してください。前提として、修飾語の数をなるべくダイエットさせた上で取り組みましょう。

40 属性を問う主語は「こと」で受ける

× この作品の大きな特徴は、ゾンビをモンスターとしてではなく、日常に存在する厄介事として扱っている。

特徴は「扱っている」？

○ この作品の大きな特徴は、ゾンビをモンスターとしてではなく、日常に存在する厄介事として扱っていることだ。

「特徴は」を「こと」で受ける

文を正しく書く基本のひとつが、主語と述語のかみ合わせです。文の主語と述語だけを取り出して読んで、「誰が何をしたのか」「何がどうしたのか」がしっかりかみ合っているかを確かめる習慣を付けましょう。

例文を構造に還元して主語と述語を取り出してみると、「特徴は扱っている」となり、意味が通りません。

主語に「特徴は」「長所は」「ポイントは」と属性を問う言葉が来たら、述語は「こと」や「点」など名詞で受ける必要があります。改善文では、「扱っていることだ」と、動詞に「こと」を付けて名詞にしました。

「重要な点は」「最初に思ったのは」「感じたのは」のように、**主語が「点」や「の（こと）」を含んでいる場合も、同じように名詞で受けます。**

×	この曲を録音し始めて感じたのは、自分はいいバンドと組んで思いっきり歌ってみたかった。

○	この曲を録音し始めて感じたのは、自分はいいバンドと組んで思いっきり歌ってみたかったということだ。

「ということ」を付けて名詞化

主語が名詞を求めているときは述語を名詞化してあげましょう。いつも構造に還元して読み直し、言葉が発している声に耳を傾けてください。

41 受動と能動をはっきり意識する

×　吉永裕ノ介「ブレイクブレイド」の最新14巻が、本日4月11日に発売した。

発売したのは何？　誰？

○　吉永裕ノ介「ブレイクブレイド」の最新14巻が、本日4月11日に発売された。

主語と述語のかみ合わせで気を付けたいのが、能動と受動（受け身）の選択です。「人が野菜を食べる」「野菜が人に食べられる」のように、意味的なエラーがあからさまなら間違いにくいのですが、うっかりミスを出しやすい箇所のひとつといえるでしょう。「文章を構造に還元して読む」ことを徹底すれば防げるので、完全に習慣化させるよう心がけてください。

例文は単行本の発売を伝える記事からの一文です。**単行本のような無生物の主語が、能動的に「発売」という行為をすることはあり得ません。**発売するのは出版社ですから、単行本は「発売される」「発売された」となります。

「リリースする」「開催する」「公開する」といった動詞も、こうした混乱が起きやすい言葉です。主語が生物のときは受動・能動ともに起こり得ますが、無生物のときはほぼ受動になることが、ひとつの目安となってくれます。

さて、次の例はどうでしょうか。主語と述語の係り受けが入れ子になった複文です。

「リリースする」の主体は誰？

×	ナオト・インティライミが6月10日にリリースされる自身初のベストアルバム「THE BEST!」の詳細が発表された。

「発表された」の主語は何？

○	ナオト・インティライミが6月10日にリリースする自身初のベストアルバム、「THE BEST!」の詳細が発表された。

後ろからほどいていきましょう。述語「発表された」の主語は、ここでは「(ベストアルバムの) 詳細が」です。「ナオト・インティライミが」は「ベストアルバム」に係る従属節の主語になるので、「ナオト・インティライミが／リリースする」となることに注意しましょう。

複数の主語があるとき、主語が省略されているとき、どれと組み合わせるかで述語の受動／能動は変化します。組み合わせを常に意識して。

42 おまとめ述語にご用心

×	彼はギターもベースもドラムも弾けるマルチプレイヤーです。

ドラムが「弾ける」?

○	彼はギターもベースも弾けるし、ドラムもたたけるマルチプレイヤーです。

○	彼はギターもベースもドラムもたしなむマルチプレイヤーです。

「弁当や菓子や飲み物を買う」や「あなたも彼も悪くない」といった具合に、ひとつの述語がいくつかの主語やいくつかの目的語をまとめて引き受ける場合があります。

「弁当を買い、菓子を買い、飲み物を買う。」と書くより、「買う」という**共通の述語でまとめたほうがスマートなのは誰の目にも明らかですが、述語との組み合わせに問題が生じることがある**ので注意しましょう。

例文ではひとつの述語で受けたつもりが、目的語と述語がうまくかみ合っていません。「ギターが弾ける」とは言いますが、「ドラムが弾ける」とは言いませんね。

改善文のようにドラムだけは「たたく」という動詞で受けるべ

きです。あるいは、述語のほうを「たしなむ」と目的語すべてに対応できる言葉に置き換えてもいいでしょう。

×	その当時はバンドの状況や、売り上げとかライブの動員も減っていて、どうにかしなくちゃって思ってました。

○	その当時はバンドの状況が悪く、売り上げとかライブの動員も減っていて、どうにかしなくちゃって思ってました。

話し言葉のように思いつくまま列挙していくと、最初のほうに提示した言葉が宙に浮いているということがよくあります。原文では「状況」「売り上げ」「動員」の3つが述語「減る」を共用していますが、状況は減りませんよね。

こういったミスも、構造に還元して読み返すクセを付けることで減らしていきましょう。最初のうちは書いてから読み直していたものが、習熟するうちに、どれが主語でどれが述語なのか把握しながら書き進められるようになります。

特別なマッチングを必要とする言葉のことを「呼応する」関係と呼びます。この「呼応する」言葉についてはレッスン68でも触れています。

CHAPTER 3 並列・列挙

43 情報を列挙するときは語句のレベルを合わせる

× 彼女はジャズやR&B、チャック・ベリーからの影響を認めている。

ジャンル？ アーティスト？

○ 彼女はジャズやR&B、ロックンロールからの影響を認めている。

複数の語句を列挙するときは、並べる要素のレベル、すなわち概念の大きさや性質を揃えましょう。ひとつ目の例文は、ジャンルと個人名が同レベルに並べられていることが問題で、これは誰でも違和感を抱くタイプのミスだと思います。

改善文は、ジャンルに揃えてみました。またジャンルと個人名で分けて、次のようにしてもいいでしょう。

○ 彼女はジャズやR&Bに影響を受け、特に影響を受けたミュージシャンとしてチャック・ベリーの名をあげた。

次の例文は、異なる性質の言葉が列挙されてしまった例です。

期間？　場所？

×	このZINEは展示期間中のほか、オンラインショップ、その他書店などで販売される。

○	このZINEは展示会場のほか、オンラインショップ、その他書店などで販売される。

「展示期間中」が期間、「オンラインショップ」「その他書店」が場所で概念が揃っていません。改善文ではひとまず「展覧会の会場」と変更して、すべて場所に揃えました。

動詞と名詞が並べられている

×	最新情報を掲載し、グッズ販売のために公式サイトが開設されている。

○	最新情報を掲載し、グッズを販売するために公式サイトが開設されている。（動詞で揃える）

○	最新情報の掲載やグッズ販売のために公式サイトが開設されている。（名詞で揃える）

原文では、「最新情報を掲載し」が動詞、「グッズ販売」が名詞で、品詞が揃っていません。2つの改善文はそれぞれ動詞のみ、名詞のみで揃えてみたものです。

次のページに続く

情報は多ければいいわけではない

語句を列挙する文は一文が長くなればなるほど、書いているうちについ、言葉のレベルが揃わなくなってしまいがちです。そもそも列挙が必要なのかどうかを見直す気持ちを、いつも持ってほしいと思います。

資料に載っているから、取材対象がしゃべったから、といってすべてを原稿に盛り込むのが手腕ではありません。**むしろどれを捨象するのかという、ナタのふるい方にこそ手腕が問われるものです。** 字数制限の緩いウェブ媒体は、緩いからこそ適切な情報量に意識的になって、書き手である自分を厳しく律すべきです。

いま書き連ねている要素はほんとうに列挙したほうがテーマを伝達できるのか、惰性で書き連ねていないか。 いつも考えながら、それぞれの言葉が対等の関係で並べられているかを確かめてください。

レベルが異なる言葉を並べないためには、普段から取り扱う言葉について、どんな概念の大きさや性質なのか意識的になっておくことです。

CHAPTER 3　並列・列挙

44 列挙の「と」「や」は最初に置く

列挙の作法としてもうひとつ気を付けたいのが、並列を表す助詞と読点の配置です。英語で3つ以上のものを並べるときは「A, B, C, and D」がお約束でしたね。では日本語では？

7日間の会期のうち、1日目と2日目と4日目と7日目に出席する予定です。

「と」を並べなくてもいい

7日間の会期のうち、1日目と2日目、4日目、7日目に出席する予定です。

正解は**「AとB、C、D」のように、最初の情報のあとに助詞を置くのが基本です。**話し言葉では「AとBとCとD」のようにすべてに助詞を挟むこともありますが、書き言葉では最初の情報の直後にだけ置いたほうが収まりがいいでしょう。

「と」のほか「や」「とか」「に」「および」も同様です。

並列の「も」は、「や」ほど明確にルール化するのが難しいと感じています。原則は「Aも、B、C、Dも」と最初と最後に付けるスタイルです。

CHAPTER 3　並列・列挙

45 並列の「たり」は省略しない

× 彼はバイトをしたり受験勉強をして毎日を過ごしていた。

○ 彼はバイトをしたり受験勉強をしたりして毎日を過ごしていた。

「たり」はセットで使う！

並列の動作を示すときに、「〜たり、〜たり」というように助詞「たり」を繰り返し使って表現することがあります。

例文では、バイトをすることと、受験勉強をすることが並列の関係で、どちらも「して」という動詞に係っています。

近頃の常用表現では原文のように「たり」を一度だけ使っている文章をよく見かけますが、並列の関係にある文節は改善文のように「たり」を繰り返し使うのが本来のルールです。

「たり」の不足は、「たり」で並列したつもりの文節が長い場合に特に起こりやすくなるでしょう。

× ひとつの段落が改行がないままだらだら続いたり、漢字だらけで真っ黒に見える文章は、読みやすいとはいえません。

ひとつの段落が改行がないままだらだら続いたり、漢字だらけで真っ黒に見えたりする文章は、読みやすいとはいえません。

「漢字だらけで真っ黒に見える」と書いたところで、「たり」で並列していることを忘れてしまった例です。こうした間違いも、文を係り受けの構造に還元して読むことを習慣付ければ避けられるようになります。

なお、次のような「たり」は単独で使っても間違いではありません。

事故にでも遭ったりしたら大変だ。

この「たり」は、提示した情報以外に類似の要素があることを例示しています。さまざまなアクシデントが考えられる中で、「事故に遭うこと」をひとつの例としてあげる使い方ですね。

少し紛らわしいですが、ひとつの文の中で２つ以上の動作が対等に並んでいる場合は、並列の「たり」だということです。この場合は２つ目以降の「たり」を省略しないよう、注意が必要です。

話し言葉では省略されることも少なくない「たり」ですが、原則にしたがっておくことで、フォーマルなイメージを織り込むことができます。

CHAPTER 3　助詞

46 主語の「は」と「が」の使い分け

ポール・マッカートニーは１年ぶりに来日する。

ポール・マッカートニーが１年ぶりに来日する。

２つの例文を読み比べて、より事実を知らせるニュース記事にふさわしいのはどちらの文だと思いますか。下の例文のように「ポール・マッカートニーが」としたほうが、現象を端的に述べた一文だと感じられないでしょうか。

「は」と「が」はどちらも主語を示す機能を持つ助詞ですが、**「は」には「主題の提示」というより大きな機能があります**。このため、「が」のほうが主語を限定する機能が強く、「は」のほうがさまざまな含みを持つ表現になります。

主題を提示する「は」は、「〜についていえば」と言い換えても成り立ちます。まず主題を立てて、それに続けて説明や判断を述べる構造になっていることを意識してください。

「空は青い。」と言えば、「空というものは青いものだ」と主題に対する一般論を述べる感覚になりますし、**「空が青い。」**と言えば、目の前の現象をありのままに描写する感覚になります。

また「は」には対比の意味もあります。冒頭に示した例文でも、次のような言外の対比を読み取ることができます。

ポール・マッカートニーは１年ぶりに来日する（が、別のアーティストＡは来日しない）。

対比を表す用法も、結局は「主題の提示」から派生しています。「ポール・マッカートニーについてはこうで、アーティストＡについてはこう」と、類似のいくつかの可能性の中からひとつを取り上げているわけです。

これに対して「が」は、主語の適用範囲が狭く、明確です。たとえば複文ではひとつの節の中でしか係りません。

父はゲームをするとき、よくイライラしている。

父がゲームをするとき、よくイライラしている。

「父は」の場合、イライラしているのも父です。**「父がゲームをするとき」とすると、そこで係り受けが切れて、イライラしているのは母や私かもしれないという状態になります。**

「は」と「が」の使い分けで迷ったとき、**はっきりと主語を提示したいときは、「が」を選択**するといいでしょう。

「は」と「が」の使い分けは文法上の奥深い問題ですが、「は」は主題の提示、と覚えておくとひとつの目安になるでしょう。

47 時間にまつわる言葉は「点」か「線」かに留意する

× 4月15日から発売される。

○ 4月15日から販売される。（線の表現で揃える）

○ 4月15日に発売される。（点の表現で揃える）

時間表現には、ある瞬間、つまり時点を示す「点」の表現と、流れや幅を持つ「線」の表現があります。ひとつの内容で「点」の言葉と「線」の言葉が混濁してはいけません。

原文の「から」は、ある時点からの継続的な時系列を表す「線」の助詞です。一方で「発売」は「商品が売り出されること」を指しているので、一瞬の時点を示す「点」の表現です。このためどちらかを言い換え、点または線の表現に揃えるべきでしょう。

助詞「から」（線）に合わせるのであれば、「商品が売っている状態」を示す「販売」という表現がふさわしいでしょう。「発売」（点）という表現を残すなら、助詞は時点を示す「に」に変えるべきです。ちなみに「4月15日に販売する」とした場合は、その日だけ限定で商品が売られているというニュアンスになります。

なお時間の経過するニュアンスを強めるのに便利なのが、「いく」「くる」といった補助動詞です。

どんな経験をしたか、仕事のやりがいや幸せについて深く掘り下げる。

どんな経験をしてきたか、仕事のやりがいや幸せについて深く掘り下げていく。

時間の流れのニュアンスが強まった

「した」「掘り下げる」にも時間の概念が含まれていますが、「してきた」「掘り下げていく」だと時間の流れがより強調されていることがわかると思います。

時間表現の点と線のマッチングが悪い文は、読者にだらしない印象を与えます。点の感覚と線の感覚に敏感になり、正しく使いましょう。

ナタリー的とは ❸

選り好みしない、全部やる。専門性は読者が見つけるもの

ナタリーが目指す「フラット」の3要素のうち、最後が「網羅性」、すなわち選り好みしないということです。多くのメディアは、自分たちの取り扱いジャンルを絞り込んで独自性を出すものです。ヘヴィメタ専門だとか、アメ車オンリーだとか、コンサバ系だとか。

ところがナタリーは、邦楽という枠の中なら演歌からノイズまで、マンパワーが許す限り発信しまくるスタイルです。選り好みをしないで発信を続けていると、不思議なことが起きてきました。アイドルが好きな人は「ナタリーはアイドルに強いね」と、ギターロックが好きな人は「下北だからギターロックに強い」と、X Japanが好きな人は「ナタリーってXにすごく力を入れてるね」と言ってくれるのです。

実際のところはただ節操なく量を出しているだけ。しかしユーザーは自分の好きなものしか見ないので、それが一定量を超えていれば、「このメディアは自分と同じ好みだ」と幻想を抱いてくれるのです。ナタリーに味方が増えた瞬間でした。

「フラット」の3要素は、旧来のメディアとは対極を行く方法論です。たまたまSNS勃興期というタイミングとの相性が良かったため功を奏しましたが、「そんなものはメディアではない」という意見もあとを絶ちません。ただ紙からネットへの移行期に、メッセージやオピニオンではない何かが載った、新しいメディアの姿を示せたのではないか、とは自負しています。

第4章
もっとスムーズに

読者に伝わる丁寧な文章にしていく

文章には品の良さや丁寧さというものが求められると私は思っています。いくら強く響くからといって、どぎつい表現や乱暴な言葉を投げかけるのは避けるべきです。

物珍しい言葉、価値を見せつけるような言葉に頼らずに、丁寧な言葉づかいでスムーズに語りかける。それでも伝えたいことが伝わるとしたら、かなりの達人といえるでしょう。

この「丁寧な言葉づかいでしっかり伝える」というテーマについて考えるとき、私はいつも、デパートの優秀な外商員のことを思い浮かべます。

彼らは当然ですが大声もあざとい言葉も繰り出さない。しかし商品の魅力がすんなりとこちらの心に入ってきて、気付いたら買いたくなっていま

す。そんな文章を紡げるようになりたいですね。

この章ではこれまでと違い、もはや「これが正解」という明快な答えは提示されません。たとえば世間的には「スピード感のある文章」が良い文章だとされますが、この本ではそれを否定して、「適切なスピード感の文章」が良い文章だという、ある種、玉虫色の答えを提示します。

体言止めや指示語を使って文字数を節約したり、約物でポイントを強調したり。いずれも文章表現には使い勝手のいいテクニックです。しかし同時に、用法用量を守らなければ、どんな薬も毒となって読み味を下げ、読み手を完読から遠ざけてしまうでしょう。大事なのは「完読」。そのことをいつでも意識してください。

48 スピード感をコントロールする

スピード感は出せばいいというものではない

多くの文章教室では「文章で大事なのはスピード感」「一文は短く」「冗長な表現はNG」といった指導がなされています。確かにその通りなのですが、この本ではもう少し突っ込んだ、現場レベルの話をしたいと思います。

まず前提として、作文の苦手な人ほど、冗長でダラダラした文章を書きがちです。したがって初心者に対しては、スピード感を出せと言うのが当然のアドバイス。**しかしその先にある真髄は、「適切なスピード感にコントロールしよう」というメッセージなのです。**

スピード感とは「文字数あたりの情報量」

ところで文章における「スピード感」とは何でしょう？

クルマにおけるスピード感とは、走っている速度からもたらされる体感のことですから、乗っているクルマが同じなら時速＝距離÷時間に比例します。

ではよく耳にする「文章のスピード感」とは？　同じことを言うのに1,000文字かかっている文章と500文字かかっている文章では、どちらがスピード感があると思いますか？　当然後者です。すなわち、**文章におけるスピード感とは情報量÷文字数で割り出すことができる**のです。

$$\text{クルマの速度} = \frac{\text{距離}}{\text{時間}}$$

$$\text{文章のスピード感} = \frac{\text{情報量}}{\text{文字数}}$$

例文で考えてみましょう。

> その本は7月5日に発売される。（15文字）

> その本は7月5日発売。（11文字）

下の例文のほうが、同じことを言うのに要した文字数が少ない。すなわちスピード感が高いということです。

次のページに続く

スピードの出し方とコントロールを覚える

スピードコントロールのサンプルとして、まずは水泳を思い浮かべてみてください。初心者のうちはモタモタとしか泳げませんから、速く泳げるようトレーニングします。しかしトップスピードが出せるようになったら、今度は距離に合わせたスピードに制御して、適切に泳ぎきるのがセオリーです。

もしくはライブパフォーマンス。最初のうちは盛り上がらず、とにかくアゲることを目指すものです。しかしただアッパーなだけでは客も演者も疲弊してしまい、60分なりの持ち時間を充実させることはできません。アゲた熱をバラードでいったん冷ましたり、ミドルテンポでタメを作ったりして、おしまいまで飽きさせずに客席の熱量を制御する手腕が必要とされます。

文章もしかり。**あまりにも冗長なら読み手は離脱しますし、ソリッドすぎてもぶっきらぼうで読む気が失せてしまいます。**われわれが目指すべきは「完読」ですから、基本はコンパクトにまとめつつ、無愛想にならない程度の丁寧さをもって読者をおしまいまで導かねばなりません。

まずはスピードが出せるようになって、その後適切にコントロールすることを覚える。スピード感にまつわるテクニックは、この2段階を踏む必要があると考えています。

まずはスピード感が出せるようになろう。その後は適切にコントロールして、快適なスピードで読者を完読まで連れていきましょう。

49 体言止めは読者に負担を与える

私の故郷は福島です。

私の故郷は福島。

助動詞「です」を省略

会場にようやく到着した。

会場にようやく到着。

動詞の活用形を省略

体言止めとは、文末を名詞や代名詞（＝体言）で終わらせるテクニックです。文字数が減ってタイトになる上、文末にバリエーションを与えてくれ、リズムを整える効能もあります。

しかしあらゆる薬には毒の一面があるように、体言止めも乱用は禁物です。先述した通り、スピード感も出しすぎればぶっきらぼうさを呼び込みます。さらに**体言止めには、読み味を落とす危険な側面がある**のです。

体言止めが、なぜ文末の助動詞などを省略できるかというと、省略した部分を、読み手が無意識に心の中で補完してくれているからです。省略されている言葉は何か。現在形か過去形か、常体か敬体か、能動か受動か。そういったジャッジを、読者は瞬時に

次のページに続く

脳内で演算して埋めてくれているのです。

「新しい文章力の教科書」は８月７日に発売。

●隠されているのはどれ？

発売する。（現在・能動）

◯**発売される**。（現在・受動）

発売した。（過去・能動）

発売された。（過去・受動）

この隠されたものを類推する脳の働きが読者を疲れさせ、ひいては文章から離脱していく原因となっていきます。**体言止めは、便利だけど読み味を落とす、諸刃の剣と覚えてください。**

また文末の重複にもつながりやすいことから、「体言止めは最小限に」と考えたほうが得策でしょう。体言止めに依存せずともスピード感が出せ、文末のバリエーションも確保できるようになったら、かなりの腕前ともいえます。

「体言止めは最小限に」を合言葉に、減らしてみるトレーニングをしてみましょう。意外と使わずに乗り切れるものですよ。

CHAPTER 4 丁寧さ

50 行きすぎた名詞化はぶっきらぼうさを生む

名詞化は湯加減を見て使う

あるべき助詞などを省いて名詞化していくのは、文章のテクニックのひとつ。**文章をソリッドにする効果がありますが、省略によるぶっきらぼうさも生まれてしまいます。**前項で説明した体言止めのメリット／デメリットにも似ていますね。

 赤塚不二夫生誕80周年記念長編劇場アニメ。

全部でひとつの名詞！

 赤塚不二夫の生誕80周年を記念した長編劇場アニメ。

原文はまったく助詞などのつなぎがなく、20文字で一単語の長い名詞になっています。意味は通じますが、昔の電報みたいな調子にも聞こえ、音読したときに息切れしてしまうのではないでしょうか。改善文では省かれていた表現を補足したので、スムーズな文章になりました。

しかしこれも程度問題。なんでもかんでもほぐしたほうがいいかというと、そうとも言い切れません。冗長すぎる表現になってしまっては元も子もありません。

もうひとつ例文を見てみましょう。

次のページに続く

×	初回生産限定スペシャル特典カード封入。

△	初回の生産のみ限定で、スペシャルな特典のカードが封入されている。

○	初回生産限定でスペシャル特典カードが封入されている。

最初の文は完全な名詞化。係り受けもあいまいになり、わかりにくい表現です。次の文は、省かれた表現を可能な限り補足したものです。ここまでほどいてしまうと、逆にもたついた野暮ったい印象になります。

最後の文は、「初回生産限定」と「スペシャル特典カード」を熟語として残し、「封入」の体言止めをやめました。適度な意味のまとまりと、語呂の良さが感じられるのではないでしょうか。

このように、どの程度開くか、閉じるかのバランスは感覚的なところですが、いい湯加減をキープできるようにいろいろなパターンを探してみるといいでしょう。

熟語化する言葉を安易に使わない

名詞化の親戚といえるのが、「〜化」「〜的」「〜性」などの言葉を足して熟語化する表現です。

いままさに使った「熟語化する」のように、名詞に「〜化」を足して動詞のように使う手法がその筆頭です。「〜的」や「〜性」を足すことによって、「〜ような」「〜らしさ」を熟語的に表現する用法もこの仲間でしょう。かなり汎用性が高く、ぶっきらぼうさも生みやすい表現のため、乱用は厳禁です。

すでに辞書に載っている「自伝的」「郊外化」といったオーセンティックな単語はまったく問題ないのですが、「打ち上げ花火的」「見える化」とオリジナリティのレベルが上がってくると、文面にあざとさが漂い始めます。

△	「ぼのぼの」からエピソード化した6つの場面を多面的コレクション的に紹介していく。

○	「ぼのぼの」から6つの場面をエピソードとして抽出し、コレクションしたものを多面的に紹介していく。

「エピソード化」「コレクション的」は、普通の言葉に置き換えられます。また学術論文などで見かける「〜的」を重ねて使う表現は一般向けではアウトでしょう。

ちなみによく話し言葉で使う「ワタシ的には」も、書き言葉ではみっともないので避けましょう。

名詞や熟語をどのくらいほぐしてあげるかは、程度問題。ちなみに「温故知新」「画竜点睛」のような故事成語は分解してはいけません。

CHAPTER 4 丁寧さ

51 指示語は最小限に

×	コレがナニでアレなのよ。

何を指しているのか……

○	嫁が妊娠して金欠なのよ。

「こそあど言葉」とも呼ばれる指示語は最小限にしましょう。

指示語とは、前の文脈で提示された言葉を指し示して言い換える言葉です。長い名詞や文節でも2、3文字で受けてくれるため、文章をコンパクトにしたいときに重宝しますが、多用すると文章が抽象的になり、文脈を見失わせる原因になります。

指示語が続くと、読み手はいちいちそこに入る言葉を判断しながら読み進めなければいけないので疲れますし、続きを読む気も失せてしまうでしょう。つまり「完読されない文章」になってしまうわけです。

原文では「コレ」「ナニ」「アレ」が示す言葉がさっぱり不明でしたが、それぞれが指し示す具体的な言葉に置き換えました。

直前の文脈に、指示対象の候補が複数あってわかりにくいケースもあります。

×	ナタリーは当初3カ月で開発してサービスを開始するはずだったが、メンバーの意見でさまざまな機能を盛り込んでいくうちに、それが遅れてしまった。結局、それが開始したのは1年後だった。

○	ナタリーは当初3カ月で開発してサービスを開始するはずだったが、メンバーの意見でさまざまな機能を盛り込んでいくうちに、開発が遅れてしまった。結局、サービスが開始したのは1年後だった。

具体的で読みやすくなった

最初の「それ」は、遅れたのが「開発」なのか、サービスの「開始」なのか迷うところです。2番目の「それ」も、開始したのは「ナタリー」とも「サービス」とも「開発」とも取れます。

改善文は、指示語を使わず、具体的な言葉を補っているため、文の意味が明確になりました。

このように**「こそあど言葉」はなるべく使わず、具体的な言葉で文章を構成していく習慣を付けましょう。**

彼や彼女といった人称代名詞にも同じメリットとデメリットが存在します。指示語は用法用量を守ってご使用ください。

52 「今作」「当サイト」……指示語もどきにご用心

△ でんぱ組.incが6月17日にニューシングル「おつかれサマー！」をリリース。今作の発売を記念したライブイベントが5月24日に開催される。このイベントでは、今作の表題曲が初披露される予定。

○ でんぱ組.incが6月17日にニューシングル「おつかれサマー！」をリリース。今作の発売を記念したライブイベントが5月24日に開催される。このイベントでは、シングルの表題曲「おつかれサマー！」が初披露される予定。

内容が具体的でわかりやすくなった

前項では指示語の多用にともなう危険について説明しました。同じ意味で注意してほしいのが、「今作」「本年度」「当サイト」といった、**指示語のように振る舞う言葉**です。

「指示語もどき」にはたとえば以下のような表現があります。

今：今作／今回／今年度……

前：前作／前回／前年度……

本：本作／本年度／本シーズン……

昨：昨年度／昨シーズン……

当：当作／当劇場／当サイト……

ナタリーで扱っている音楽や映画のタイトルには、長い固有名詞が少なくありません。文中で繰り返すとくどくなりがちですし、字数制限がある場合はなおさら「今作」「本作」などの言葉を使うと収まりがよく思えるものです。

しかしこれらの指示語もどきも、多用すれば指示対象があいまいになり、読者の頭を混乱させる表現になります。

原文では、シングルのタイトルを繰り返すことを避け、初出以外は「今作」で通しています。一見すっきりとして見えますが、「今作の表題曲」となると赤信号。改善文のように、曲名を出したほうが格段にわかりやすくなります。

なお唐木ゼミでは**「固有名詞はくどくなるギリギリまで繰り返したほうがいい」**と指導しています。固有名詞を繰り返したほうが、文章から具体性が失われず、読み手に固有名詞が浸透していくと考えるためです。しかしこれはエンタメニュースサイトとしての見地で、たとえば企画書ならよりスマートに置き換えたほうがいいかもしれませんね。

「今」「本」「当」などの指示語もどきは、長い固有名詞の重複を避け、文章をソリッドにするテクニックですが、読者に親切な文章を目指すなら、可能な限り別の表現を探すことをおすすめします。

もっとも安易に使ってしまいがちなのが「今回」。多用する者には、半月の間「今回」をNGワードにして書き続ける訓練を課すこともあります。

53 一般性のない言葉を説明抜きに使わない

× 会見に現れたが、ケツカッチンのためすぐに退場した。

一般性のない言葉

○ 会見に現れたが、次の予定が控えているためすぐに退場した。

専門用語や業界用語、ジャーゴン、符丁、俗語、隠語といった、一般性の低い、限られたコミュニティでしか通じない言葉のことを、ナタリーでは**「閉じた言葉」**と呼んでいます。

なるべく多くの人に伝わってほしい、というのが実用的な文章の基本姿勢ですから、こういった言葉は**なるべくかみ砕いたり、説明を添えたりすることで広い理解を促すべき**でしょう。

× 新アルバムは6,008曲入りと非常に攻めた仕様。

○ 新アルバムは6,008曲入りと非常にアグレッシブな仕様。

またクリエイティブ系の人々が使いがちな、「刺さる表現」「攻めた内容」といったクセのある形容詞、ビジネスマンが使いがちな「アグリーした」「ジャストアイデアだが」といったオトナ語も閉じた言葉といえます。

たまに通ぶってこういった言葉を使う人を見かけますが、多くの人を振り落としてしまい誰の得にもならないので、作文とカッコつけは心の中で切り離しておきましょう。また自分が何気なく使っている言葉が、誰にでも通じるものではないと普段から自戒しておくことも大切です。

言葉選びの第一歩はサービス精神。「読み手に優しく」を最優先に考えれば、「閉じた言葉」は自然と排除されていくものです。

54 わからないことはひと言でも書いてはいけない

△ キャスト陣が出演するDJCDなど、豪華な特典が同梱される。

DJCDって何？

とあるプレスリリースに書かれていた「DJCDリリース」という一文。DJのCDならいわゆるミックスCDのことかと思う人も少なくないと思います。少なくとも7年前の私はそうでした。

何かモヤモヤした気分を覚えて検索してみると、DJCDとはアニメ声優業界の用語で、声優さんがパーソナリティを務めるラジオ番組を収録したCD、もしくはラジオ番組風に仕立てられたCDのことだったのです。

どんなジャンルの文章であれ、自分が理解していない言葉を一語たりとも書いてはいけません。ひと文字たりとも、です。

「そんなこと当たり前だろう」と思われる方も多いかもしれません。しかし文脈に大きく関係ないとき、話し相手が語った固有名詞、あるいは参考資料にある見慣れない言葉を左から右にそのまま書いてしまうことは、現場ではあり得るでしょう。

自戒も込めてはっきりと宣言しておきますが、第一に読者に事実を伝えるサービス精神において、第二にリスクマネジメントの観点において、生返事や知ったかぶりは絶対にダメです。

たとえば仕事で企画書を書くとき、自分がよく知らない分野に触れざるを得ないことがあります。そのとき「理解している」とはどのレベルの理解を指すのか、といった指摘もあるでしょう。

私は辞書レベル、ウィキペディアレベルの浅知恵でいい、と思っています。浅知恵でも知恵は知恵、ゼロとイチでは大きく違います。**「こういうことだろう」でなんとなく書かず、必ず検索して概要は理解しておくこと、それが絶対の条件です。**

例文に戻りましょう。「DJCD」はアニメに詳しい読者なら当然知っている単語なのでしょうが、その記事は音楽カテゴリとして配信する予定でした。したがってこれはかみ砕く必要があると判断し、以下のように直して配信したのです。

 キャスト陣がパーソナリティを務めるラジオ番組を収録したCDなど、豪華な特典が同梱される。

ちなみにコミックカテゴリでは近年、もはや定着していると判断して、「DJCD」のまま書くことが多くなりました。このあたりはケースバイケースの判断となりますが、いずれにせよ調べずに書いていたら、大やけどをしていたかもしれない単語でした。

疑問点を放置しても平気な体質は、真っ先に改善しましょう。記者ならなおさらです。「これ何？」とツッコミ体質になることがライターの必要条件だと、私は常々考えています。

モヤっとしたら即検索。「たぶんこうじゃない？知らんけど」は絶対ダメです。モヤモヤに対する感受性を落とさないこと！

55 「企画」「作品」……ボンヤリワードにご用心

△ 「辻浦さんとチュパカブラ」は櫻井あつひとによる作品。

具体性に欠ける言葉

○ 「辻浦さんとチュパカブラ」は櫻井あつひとによる学園ラブコメディ。

具体性に欠ける言葉のことを、唐木ゼミでは「ボンヤリワード」と呼んで取り扱い要注意の単語に指定しています。たとえば「作品」や「企画」。誰かが作ったものはみな作品でしょうし、誰かが考え立ち上げたものはどれも企画でしょう。

ボンヤリワードは、抽象度が高いゆえに使い勝手はいいのですが、それゆえインフレを起こしがちですし、使うほど文章の輪郭があいまいになっていきます。可能な限り具体的・個別的な言葉に置き換えたほうが、明快な読み味が得られるでしょう。

●よく使われるボンヤリワード
企画、作品、楽曲、番組、物語、コンテンツ、ストーリー、ステージ、プロジェクト、etc……

ほかにもあげていけばきりがないところですが、いずれも抽象度の高い、便利な言葉たちです。ゼロに減らすことはできませんが、用法用量には気を付けたいところですね。

△	貞本義行によるマンガ版「新世紀エヴァンゲリオン」の完結を記念した企画が実施されている。

○	貞本義行によるマンガ版「新世紀エヴァンゲリオン」の完結を記念して、複製原画をプレゼントするキャンペーンが実施されている。

こちらの例文では企画の内容について、踏み込んだ補足説明を加えることで具体性を高めました。指示代名詞のように使っている場合は**具体的な言葉に置き換え、説明不足な場合は情報を足す**。ボンヤリワードを使いたくなったら、そうして具体性を補うように心がけましょう。

イージーな言葉選びがボンヤリワードの乱用をもたらします。「ここにはこれしかない」というピッタリした言葉を選び出しましょう。

56 「らしさ」「ならでは」には客観的根拠を添えること

×
いかにも彼らしい巧みなフレージングでファンを魅了した。

どんならしさ？

○ スタジオミュージシャンとして10年のキャリアを持つ彼らしい、巧みなフレージングでファンを魅了した。

「〜らしさ」「〜ならでは」「〜おなじみ」といったフレーズは、暗に読み手に「既知」を要求しているため、どうしても独善的なニュアンスが漂ってしまいます。

書き手はたいていの場合、書いている内容について、世間標準よりは多くの知識と理解を持っているもの。そのためつい、こういった既知を前提とした表現を繰り出して、読者を置いてけぼりにしてしまうのです。

広く世間に情報を発信するなら、「知っていて当たり前」といった考え方はごう慢です。**もし既知を前提としたフレーズを使うとしたら、必ず客観的な根拠を添えることを心がけてください。**

また「おいしい牛乳」という商品名に対し、「おいしいかどうかを決めるのは飲んだ人だろう」「ごう慢だ」という声を耳にしたことがあります。

「おいしい」は明確に主観的なので気付きやすいですが、**「達者」「人気」「豪華」といった、主観的判断をともなう単語は要注意**です。何を基準に「豪華」と判断しているのか、やはり読者には独りよがりな宣伝文句に感じられてしまうものです。以下のように、客観的根拠を添え、誰の目にも明らかで納得のいく表現にしましょう。

×	人気コミック『新宿スワン』が豪華キャストにて実写映画化される。

○	シリーズ累計800万部の人気コミック『新宿スワン』が、日本アカデミー賞受賞俳優・綾野剛主演で実写映画化される。

面倒くさくても具体的な数値や事実を積み重ねることによって、知っている人にも知らない人にも伝わる、客観的な記述ができるようになります。

CHAPTER 4 品の良さ

57 トートロジーは子供っぽさを呼び込む

△ そのデザートは、スポンジ生地の上にホイップクリームとピスタチオがトッピングされたデザートです。

主語と述語が同じ単語

○ そのデザートは、スポンジ生地の上にホイップクリームとピスタチオがトッピングされています。

「その花は、花です」。誰でもムムッと違和感を抱く文章ですね。言うまでもなく、主語と述語が同じところに違和感の原因があります。

こういった主述同一文は「トートロジー」と呼ばれ、基本的には回避すべき文型です（厳密に言うとトートロジーには同義循環や同語反復といったさまざまなタイプが存在しますが、ここでは主述同一文に絞って話を進めます）。

さて「その花は、花です」のおかしさには誰でも気付きますが、「その花は、南国に咲く花です」ならどうでしょう。付け加えられた修飾節が、もともとあった違和感を薄めていることがわかりますか。

しかしこれも構造に還元すれば主語と述語が同一であり、それゆえに、敏感な人なら一抹の間抜けさを感じ取ってしまうものです。避けられるなら避けるに越したことはないでしょう。

例文も「スポンジ生地の上にホイップクリームとピスタチオがトッピングされた」という情報で修飾されているものの、構造に還元すれば「そのデザートは、デザートです」と繰り返しになっています。改善文では、述語を変更して繰り返しを避けました。

△ そのアーティストは現在もっとも影響力を持ち、2016年には大規模なワールドツアーを予定しているアーティストだ。

○ そのアーティストは現在もっとも影響力を持つ10人に選ばれた。2016年には大規模なワールドツアーを予定している。

2つ目の例文も同様です。修飾を外せば「アーティストは、アーティストだ」であり、スマートな表現とはいえません。

「お兄ちゃんはお兄ちゃんなんだよ」といった具合に、特別なレトリックとしてトートロジーを使う場合もありますが、一般的な文章では、読み手に違和感を与えてしまいます。うっかり使わないためにも、構造に還元して読み返す習慣を身に付けましょう。

「その企画はホニャラララな企画です」という文章のつたなさに意識的になりましょう。よりスマートな言い回しが必ず見つかるはずです。

CHAPTER 4 品の良さ

58 文頭一語目に続く読点は頭の悪そうな印象を与える

接続詞の直後に読点

△ さらに、その公演ではかつてのナンバーも披露して会場をわかせた。

○ さらにその公演では、かつてのナンバーも披露して会場をわかせた。

これはルールというよりフィーリングに属する問題ですが、**文頭一語目の直後には読点を打たないほうが、多くの場合、スマートに感じられます。**

特に危険なのは、一語目が接続詞のときと、文頭で主語を形成しているとき。これらに続く読点は、仮に意味的には正しくても、間の抜けた印象をもたらしがちです。

なぜ間が抜けた印象になるのでしょうか。**いきなり読点を打つと、内容を考えながらしゃべっている人の口調に似てしまうから**ではないか、と私は考えています。バナナマンの日村さんがやる「幼少期の貴乃花」のモノマネを想起すると、わかりやすいかもしれません。

△	私は、その日大阪へ旅行に出ていました。
○	私はその日、大阪へ旅行に出ていました。

小学生の作文のような原文が、読点の位置を下げるだけで、大人っぽい印象になったのではないでしょうか。もっともこの感覚は前後のリズムによって変わってくるので、絶対的な公式とはなり得ません。語呂・字面・意味の３つの見地で読み直しながら、つどつど吟味してください。

ただでさえ減らしたほうがいい接続詞は、読点をともなうと野暮さが倍増します。語呂を優先してスマートなリズムに整えましょう。

CHAPTER 4　品の良さ

59 約物の使いすぎは下品さのもと

× 「二階堂ふみ」と「星野源」が主演する、メーキャップブランド【マキアージュ】の“スペシャル”ショートムービー『Snow Beauty』が、特設サイトにて公開されている。

ルール無視の約物の連発

○ 二階堂ふみと星野源が主演する、メーキャップブランド・マキアージュのスペシャルショートムービー「Snow Beauty」が、特設サイトにて公開されている。

約物とは文字や数字以外の記号のこと。かっこの類いや、クエスチョンマーク、リーダ、ダーシ、中黒、忘れがちなところでスペースも約物です。

句読点に正しい用法があるように、約物もそれぞれ正しい用法が定められています。しかし現代のメディアでは、かなりルールから逸脱した使用例が見かけられるようになってきました。

原文では、ただ文字列を強調するだけの意味合いでさまざまな約物が使われています。かぎかっこは会話文や固有名詞を明示するための約物ですが、キャッチコピーなどでしばしば、文字列を強調するために使用されているのを見かけます。ダブルコーテーション（“”）も、本来は「いわゆる」といった意味を表す記号であり、一般的ではない特殊表現に対して使うのがルールのため、改善文では外しました。

×	「ガンダム」新シリーズ発表！　キャラ原案はなんと!?　「シュトヘル」の伊藤悠!!

「！」の乱用が幼稚……

○	「ガンダム」新シリーズ発表、キャラ原案は「シュトヘル」の伊藤悠

エクスクラメーション（！）で強調するのも、安易な表現と言わざるを得ません。約物を使うとその部分が強調され、文脈が整理されて見えるのは事実です。しかし乱用するのは端的に言って文章の品性を下げる結果になります。

約物に頼らずとも要素を整理し、強調したいことは強調して伝えられる腕前を身に付けましょう。イージーな約物への依存は、書き手としての成長をも阻害してしまいます。

●約物の例

！　？　～　－　・　―　()　「」【】『』[]　“”　〈〉　《》　{}　…

ルールから外れた約物づかいは、力量のなさが現れたものと捉えましょう。飛び道具なしでも読み手に響くよう、腕を磨きたいものですね。

CHAPTER 4 品の良さ

60 丸かっこの補足は慎み深さとともに

× 主人公のタケシ（設定では未来からタイムスリップしてきた）は、予知能力者として祭り上げられてしまう（未来人ゆえにこれから起きる出来事を知っているため）。

補足説明が唐突

○ 未来からタイムスリップしてきた主人公タケシは、これから起きる出来事を未来人ゆえに知っているため、予知能力者として祭り上げられてしまう。

丸かっこを用いた補足的な説明は、最小限に抑えましょう。

文章に組み込めなかった言葉を補足するのに、丸かっこは便利な約物ですが、多用するのは自らの文章構成力が低いと宣言しているようなものです。できるだけ地の文で説明するように心がけてください。

例文ではタケシの補足説明として、「（設定では未来からタイムスリップしてきた）」が加えられています。唐突な印象になりますし、メタ言及的な雰囲気も漂います。できるだけシンプルな構造とシンプルな文で書くように意識して、約物に頼らずに強調や整理ができる筆力を養いましょう。

丸かっこには本来的な用法として、注記や読みを示す機能が与えられていますが、それもあまりに連続するのは考えものです。約物全般に対する考えと同じく、文字以外の活字の割合は、最小限に抑えるのがスマートでしょう。

会話文で見かける「(笑)」も、過剰だとイタい印象を与えます。使わないで表現できないか、常に考えるクセを付けましょう。

61 可能表現に頼らない

×　DISC1にはアルバム本編が収録されている。DISC2では未発表曲を含むレアトラックを聴くことができる。DVDでは特典映像を観ることが可能だ。

可能表現の重複

○　DISC1にはアルバム本編が収録されている。DISC2は未発表曲、レアトラックというラインナップ。DVDでは特典映像を観ることができる。

「〜できる」「〜可能だ」「〜れる」といった可能表現は、唐木ゼミではなるべく減らすべきフレーズのひとつと位置付けています。

というのもモノの説明をするとき、可能表現は大変使いやすく、なんならすべての文末が可能表現になっている文章を見かけるくらい頻出してしまうからです。

なにしろ**モノの特性に「できる」「可能だ」と付けるだけで文が成り立つので、一切の工夫もなしに書き進められます**。そのイージーさは、文章力向上の妨げになりますし、なにより読み手からすれば安直な印象を免れ得ません。

例文はCDの商品紹介記事ですが、収録内容を可能表現で列挙しているところを、別の文末に置き換えました。属性を列挙するだけの原文に比べて、説明の流れが滑らかになったのではないでしょうか。

×	このボールペンは滑らかに書くことができる。ノックをしてペン先を押し出すことができる。クリップで手帳に挟むこともできる。胸ポケットに収納することも可能だ。

可能表現の4連発！

○	このボールペンいちばんの魅力は滑らかな書き味にある。ペン先はノックすると押し出される仕組みだ。クリップは手帳に挟んでもいいし、胸ポケットに収納するときにも役に立つ。

可能表現を極力避けて、書き直してみました。「押し出すことができる」という翻訳文体も、くどさを呼び込む原因となっていますね。**言い換えのひと手間が、文章に丁寧な印象を与えてくれます**。そのひと手間を惜しまないマインドセットを、ぜひ身に付けてください。

昔、メガネ500本の紹介記事を作ったときは、どれだけ言い換えても説明がダブるのでいい修行になりました。二度とやりたくないですが。

CHAPTER 4 品の良さ

62 便利な「こと」「もの」は減らす努力を

× 自分のことを理解することで、成長することができるようになる。

「こと」のインフレ

○ 自分を理解すれば、成長できるようになる。

語句に「こと」を付けて名詞化する用法はとても便利ですが、どんな事柄にも適用できるため、重複しやすく、表現もくどくなりがちです。

例文では原文の「こと」をすべて削除しました。回りくどさがなくなり、すっきりした印象になりましたね。

原因や手段を「ことで」でつなぐ用法も非常によく見かけます。

△ 運動することで、健康になる。

○ 運動すると、健康になる。

このように「ことで」を使わずに済む文は、別の表現を探したほうがすっきりした印象になります。

次の例文では「こと」を取るだけでなく、続く述語にも手を加えました。

△	よく眠ることが必要だ。

○	よく眠る必要がある。

ときにはこのように分解して、「こと」の重複を避けるといいでしょう。

「こと」と同様に、**「もの」も注意が必要な言葉です**。あらゆるモノを表せるため、頼りすぎると表現がボンヤリします。

△	卓上電気ポットは手軽にお湯をわかすために便利なものだ。

○	卓上電気ポットは手軽にお湯をわかすために便利な道具だ。

原文でも意味は通じますが、具体的な名詞に差し替えたほうが、読み手の理解が深まる文になります。

イージー表現の代表選手が「こと」「もの」。頼りそうになったら、もっと適切な表現ができないか、考える習慣を付けましょう。

63 なんとなくのつなぎ言葉を使わない

前後の関係は？

×	音楽をPCで聴く人が増えてきた。そうした中、アナログレコードの再評価ブームが起きている。

○	音楽をPCで聴く人が増えてきた。そうした中、高音質データでの配信サービスが人気を博している。

特に意味のないつなぎ言葉を、なんとなく使ってしまうことがあります。例文にある「そうした中」もうっかり使ってしまう代表例ではないでしょうか。もともとは「そのような状況において」という意味で、前の文で提示された内容を受けるつなぎ言葉です。

原文では前の文の状況と後ろの文の内容がうまくかみ合っていません。改善文のように、前の文の状況を踏まえた内容を入れましょう。

△	お弁当のほうは温めますか。

○	お弁当は温めますか。

「ほう」はなくても意味は通じます。口語的な表現ですし、丁寧にしているつもりで意味がないつなぎ言葉です。

×	私は基本的に大丈夫です。

○	私は大丈夫です。

「的」を付けた言葉には、語句の印象をソフトにする効果があります。特に「基本的に」「一般的に」などは、例外はある、と含みを持たせるためについ雰囲気で使いがちな言葉です。必要以上に使うと文章がボンヤリした印象になりますから気を付けましょう。

口語的表現で、逆説でない文章のつなぎに「逆に」を使うケースもよくあります。

△	今日は雨でした。逆に明日は晴れるそうです。

○	今日は雨でした。明日は晴れるそうです。

話し言葉に影響されたつなぎ言葉は、論理を混乱させ、文章をくだけた印象にしてしまいます。くれぐれも注意しましょう。

話し言葉では丁寧に聞こえる気がして使っている言葉でも、文法上は怪しいものが多々あります。文章では極力避けるようにしましょう。

ナタリー的とは ④

ファンの気持ちに寄り添ってメディアを運営する

メディアポリシーの紹介も最後の３つ目「ファン目線」まで来ました。ファン目線とは何か、それはファンの論理、ファンの欲望に則してメディアを運営するということです。

ではファンの論理とは何か。唐木ゼミではいつも、補助線としてその対義語を想像してもらいます。ファンの論理の対義語、それは業界の論理ではないかと私は思っています。すなわちこのように見せたい、このように売りたいという、売る側の欲望。

記事のネタを提供し、作品を生み出し続けてくれるのは業界の人々なので、彼らを裏切るわけにはいきません。しかし業界目線に囚われると、メディアは途端に退屈で押し付けがましいものになってしまうのも事実です。誠実に業界とのお付き合いをしつつ、いつも心にファン目線を持ち続ける、というアクロバティックな姿勢を保ち続ける努力が必要になるでしょう。

ファン目線のもうひとつの対義語として、お茶の間目線、つまりワイドショー的視線というものが存在すると思います。誰かの破局や失態を知りたいというのはお茶の間の欲望であって、ほんとうにその人のファンであるならば、そっとしておいてあげてほしいと思うものではないでしょうか。

ナタリーはファンのそんな気持ちに寄り添うメディアでありたいと考え、ゴシップを取り扱わないことを宣言しています。ゴシップのもたらすアクセス数を犠牲にしても、芸能レポートからは距離を置く。それがナタリーの報道姿勢です。

第5章
読んでもらう工夫

文章を伝える工夫は仕事の基本にも通じる

最終章にあたるこの第５章では、現場向けの表面的なテクニックと、さまざまな種類の文章に対応する力について紹介していきます。

表面的なテクニックと聞くと小手先のイメージを抱くかもしれませんが、最後にもうひと磨き、ないしはひとあがき、文章のレベルを上げてくれるのは、ちょっとした言葉の操作だったりします。

そして文章のうまい人は、最後の仕上げの細かな言葉づかいまで、執念をもって磨き上げるものです。おしまいまで関心の糸が切れずにスルリと読める文章には、実は野暮ったい工夫が目一杯に織り込まれているということを知ってください。

それと、ナタリーの運営に携わっていて気付いたことがあります。新人の文章がうまくなってい

くのと並行して、その人の仕事ぶりそのものがメキメキと伸びていくのです。なぜでしょうか。

それはたぶん、ニュース記事もインタビューも、提案書もプレゼンもイベント企画も、実のところ作り方は一緒なので、ひとつやり方を覚えると他のことにも応用が利くということでしょう。

第１章で説明した主眼と骨子を組み上げて文章を書く、というプラモデル式の作文ができるようになれば、やはりプラモのようにさまざまな仕事を組み上げていけるようになるはずです。

もしあなたがこの本を読み、ヒントを得て実践してくださるとしたら、そのときは文章力にとどまらず、あなたの仕事力全体の向上が図れるであろうことを、最後に予告しておこうと思います。

64 具体的なエピソードを書く

オリジナリティは客観的な事実に宿る

レッスン06、07ではプレスリリースや公式資料を読み込むことも立派な取材である、切り口を持てばオリジナリティのある記事になる、という話をしました。そうは言ってもメディアが乱立するいまの時代、各社から同じネタで複数の記事が出ると、どうしても価値が薄まってしまうことは否めません。

そんな中でもっともポテンシャルを持った記事は、ライブや会見のレポート、現場取材もの、インタビューや独自コメントといった、そこでしか読めない文章です。固有でオンリーワンな存在こそが、強く読者を引きつけ、メディアそのものの強度を上げてくれるといえましょう。

その文章でしか読めないこと、といっても難しく考える必要はありません。書き手のオリジナルな思想を書けと言っているわけではないのです。**独自性はそこで具体的に起きた事実やエピソードにこそ宿っていますから、見たり聞いたりしたありのままを書けば、なにより強いオリジナリティが獲得できるのです。**

> 「毎年1回神奈川でみんなで遊べる場を守っていきたいと心に決めました。これからも俺らと一緒に遊んでください」と口にしたMAHは、袖にいる競演者たちに「これからもみんなの肩借りていいですか？　みんなの肩貸してください」と呼びかけた。

客観性を呼び込むために役立つのが、セリフや会話の引用です。かぎかっこの中は書き手の言葉ではないので、なるべくその場で聞いた通り書き写さないといけません。多少文法的におかしなところがあっても、それは生の声として生かしたほうが望ましいでしょう。

> 客電が落ち、会場は真っ暗闇に包まれた。「トウキョウ〜！」と小沢の第一声が闇の中響き渡る。割れんばかりの歓声がやまぬうち、１曲目「流れ星ビバップ」のイントロが始まった。イントロが終わっても、何ひとつ照明が焚かれる気配はない。歌は１番、２番と進み、とうとう真っ暗闇のままで１曲が終わってしまった。

ここでは、書き手の思想、感想は一切書かれていません。起きたことをカメラのように写し取っているだけです。しかしこうした**事実の積み重ねが、臨場感を生み、それがそのまま読者の興味を引く、オリジナルな文章になっているのです。**

思いは客観的事実の中に宿るもの。あえて声高に書きつけなくてもいい、むしろ書かないほうが読者の心を動かす、というのが私の考えです。

CHAPTER 5 話題の扱い

65 主観の押し付けは読者を白けさせる

△ ライブ当日は、待ちに待った彼らのデビュー30周年記念日。なんと約9年ぶりの日本武道館公演となったこの日、全国から1万1000人ものファンが集結し、バンドの“30歳”を祝った。前田亘輝（Vo）は「今日がTUBEの30歳のバースデーになります！」と感動的な挨拶を披露。ファンは感激の渦に包まれた。

主観を交えすぎてくどい

感動を伝えたいときほど、「感動」「感激」といった類いの言葉を使うのは慎むべきです。主観的で熱量の高い言葉を使うのも控えましょう。**書き手が盛り上がれば盛り上がるほど、読者を白けさせてしまうものです。**

感動的な出来事は、客観的な状況を丁寧に描写するだけで伝わります。**自分の感動を表現するのではなく、読者が感動を読み取れるように書くべきです。**盛り上がるのは書き手ではなく読者の仕事だと認識してください。

ナタリーでは音楽やお笑いのライブレポートをたくさん掲載していますが、**「主観ではなく客観」「思いではなく事実」**をモットーに記事を作成しています。実際に起きた現象だけを記述し、読んだ人が自発的に「感動的だ」と感じてくれるような文章が理想です。

例文はバンドの30周年記念ライブを伝えたものです。感動的な状況を伝えるため、「なんと」といった主観的な驚きの表現や、「感激の渦に包まれた」といった紋切り型を使っていますが、過剰な表現は逆効果です。

以下の改善文では、過剰な表現を取り除き、事実を淡々と記述してみました。

> ○ ライブ当日は彼らのデビュー30周年記念日。約9年ぶりの日本武道館公演となったこの日は全国から1万1000人のファンが集結し、バンドの“30歳”を祝った。前田亘輝（Vo）は「今日がTUBEの30歳のバースデーになります！」と挨拶し、ファンから大きな拍手を浴びた。

いかがでしょうか。「ファンから大きな拍手を浴びた」は客観的事実ですが、ファンの感激を結果的に伝えています。

なおレッスン56で解説したように、主観的な表現も客観的な事実の裏付けとセットで書けば、説得力のある表現になります。

「おいしい××」という商品がありますが、感想を押し付けられると、おいしいかどうかは飲んだ人に決めさせてほしいと白けてしまいますよね。

66 人物名で始めると目を引きやすい

△	5月30、31日に東京・東京ドームにてワンマンライブ「20th Anniversary FINAL GLAY in TOKYO DOME Miracle Music Hunt Forever」をGLAYが開催した。

人物名は目を引く

○	GLAYが5月30、31日に東京・東京ドームにてワンマンライブ「20th Anniversary FINAL GLAY in TOKYO DOME Miracle Music Hunt Forever」を開催した。

これはあくまで経験則ですが、**文章のタイトルや書き出しは、人物名にすると目を引きやすい傾向があります。同じ固有名詞でも、ヒト、コト、モノの順に注目される度合いが高まります。**

ナタリーの記事でも、人物名から始まるタイトルのほうがPV（アクセス数）が高くなる傾向が顕著です。「怒髪天が○○フェスに参戦」というタイトルのほうが、「○○フェスに怒髪天が参戦」とするよりも反応がいいのです。

なぜ人物名を書き出しに配置すると強い注目が生まれるのか。裏付けがあるわけではありませんが、人間には共感する対象を探しながら文章を読む性質があるのではないかと私は思っています。そのため、無生物より生物のほうが共感しやすい性質を持っているのではないでしょうか。

なおタイトル付けはセンスの部分が大きいため、方法論として確立するのはなかなかに難しいと感じています。それでも読者の目を引くひとつのテクニックとして、**「人物名始まりはキャッチー」**と覚えておいて損はないはずです。

ナタリーでは「アーティスト第一主義」を掲げており、音楽家やマンガ家、芸人や映画監督など「人間」を主語に据えた記事が過半数を占めます。

CHAPTER 5　注目される要素

67 あえて閉じた言葉で読者との距離を縮める

△	エヴァ脱出ゲームに参加しよう！
○	エヴァ脱出ゲームから逃げちゃダメだ！

△	君もマジンガーZに乗り込もう！
○	君もマジンガーZにパイルダー・オン！

レッスン53では、業界用語や仲間内の符丁など「閉じた言葉」は極力使わず、使う場合は説明を添えるべきだとお伝えしました。それが基本なのは間違いないのですが、上級者向けにまったく逆のテクニックをお伝えしたいと思います。

特にカルチャー系のコンテンツの場合、**「閉じた言葉」は、あえて使うことで特定の読者との距離感をピンポイントで縮める、親密さを醸成させるツールになってくれることがあります。**

例文はどちらも、あえてアニメ作中のセリフを引用して、知っている人だけに伝わる、ある種の“わかってる感”を織り込んでいます。アニメやマンガならセリフ、音楽なら歌詞というように、**ファンだけがわかる引用**をすると、特定の読者と強い関係性を築くことができます。

 aikoの屋外ライブに参加してみては。

 aikoと夏の星座にぶら下がってみては。

ただし使用する場合は、媒体と読者の属性をよくよく見極め、滑った独りよがりな表現にならないよう、細心の注意を払ってください。また「閉じた言葉」の意味に気付かない人にも、ちゃんと意味が通じるように設計することが肝要です。

その作品を知らないと通じない「閉じた言葉」は、一種の共犯関係を仕掛けることができます。ただし多用は禁物、劇薬だと思ってください。

68 名詞と呼応する動詞を選ぶとこなれ感が出る

 来週から渋谷パンテオンで映画「プレイタイム」が上映される。

○ 来週から渋谷パンテオンで映画「プレイタイム」が掛かる。

より強い呼応関係

名詞と動詞にはお互いを求め合うものが数多くあり、こういった限定的な関係性のことを「呼応する」と呼びます。**多くの場合、汎用性の高い言葉を用いるより呼応する言葉を用いたほうが、こなれた表現になる傾向があります。**

たとえば軽口なら、「言う」でもいいですが「たたく」のほうが結びつきが強い。恋なら「始まる」より「落ちる」のほうが呼応しているといえるでしょう。

例文も「映画が上映される」はごく一般的な表現です。しかし人のセリフやレビューなどでこなれた感じを出したいときは、「掛かる」という狭い言葉を使ったほうが、強い印象を残すはずです。

こういった表現は枚挙にいとまがありません。コーヒーや紅茶を作ることは「淹れる」と言いますし、抹茶の場合は「点てる」になります。洗濯機は「回す」、将棋なら「指す」、辞書は「繰る」。**文章を書いたら、呼応する動詞を持っている言葉がないか見直し**

てみると、もう一段レベルアップできるかもしれません。

ちなみに呼応の反対、もっとも汎用性の高い動詞が「（と）なる」です。あらゆる述語が「となる」「となった」で書けてしまいます。

×	高橋留美子の短編集「鏡が来た 高橋留美子短編集」が、7月17日に発売となる。収録されているのは、ビッグコミックや週刊少年サンデー（ともに小学館）に掲載された短編6作品となる。カラーページは雑誌掲載時のものの再現となった。

○	高橋留美子の短編集「鏡が来た 高橋留美子短編集」が、7月17日に発売された。ビッグコミックや週刊少年サンデー（ともに小学館）に掲載された短編6作品を収録。カラーページは雑誌掲載時のものが再現されている。

原文は「となる」を多用した結果、あいまいな読み味になっています。それぞれを適切な固有の動詞に置き換えることで、より文脈がタイトに伝わるようになりました。気を許すとすぐ多用しがちになりますので、「となりすぎ」にはご注意を。

手練れ感の出せる「呼応する動詞」ですが、使いすぎると寿司屋で「アガリ差し替えて」と通ぶる人のようにみっともなくなります。適度に。

CHAPTER 5 注目される要素

69 数字を入れると具体性が増す

△	彼にとって久しぶりの野外ライブとなる。

○	彼にとって20年ぶりの野外ライブとなる。

日付、年代、時間、数量、大きさ、個数、価格など、**数字で表現できる箇所は、できるだけ具体的な数字を入れたほうが、具体性が増して訴求力のある文章になります。**

なんらかの客観的な事実を述べる際に数字を使わないと、「かつて」「昔」といった相対的な名詞や、「早い」「遅い」などの形容詞が多くなり、文章にあいまいさが増していくものです。

またビジュアル的にも、かな、漢字に加えて数字が入るとバリエーションが出ますし、字面が明快な印象になります。なんでもかんでも数字を突っ込めばいいわけではないですが、使える数字が事実としてあるのなら、積極的に使用していきましょう。

数字などのデータを入れるとぐっと具体性が増しますが、同時にミスが発生しやすくなります。くれぐれも慎重に事実確認をしましょう。

CHAPTER 5 注目される要素

70 タイトルは切り口の提示から

「主眼」をタイトルに持ってくる

第１章ではあえてタイトリングについて詳しく触れませんでした。タイトルは記事を読ませる重要な材料のひとつですが、唐木ゼミでは文章とは切り離して考えています。どちらかと言えばキャッチコピーに類するもので、書き手の感性やセンスに大きく依存するためです。また媒体によって文字数その他のローカルルールが多数存在する領域でもあります。

とはいえ原則は紹介できるでしょう。**タイトルは文章のテーマや切り口を端的に提示するものですから、第１章でいう「主眼と骨子」の主眼が、そのままタイトルの素案になるでしょう。**

〈素案〉
小山宙哉が真心ブラザーズと「宇宙兄弟」をテーマに話す、たった 50 人のプレミアムなイベント

主眼とは文章の単なる要約ではありません。何が言いたいのか、どこを伝えたいのか、テーマを設定したり切り口を提示したりするものが主眼でしたね。したがってその切り口をより研ぎ澄ませていけば、魅力的なタイトルにつながっていきます。

ではどう研ぎ澄ませていくか。基本的な方法は要素のコントロールです。**状況に応じて「集中」か「拡散」、真逆の考え方のどちらかを選択します。**

次のページに続く

〈集中〉
小山宙哉が「宇宙兄弟」新刊発売記念でプラネタリウムでトークイベント

〈拡散〉
「宇宙兄弟」小山宙哉と真心が50人限定トークイベント王子にて

「集中」の例はマンガ家「小山宙哉」のことにフォーカスを当て、ミュージシャン「真心ブラザーズ」とイベントの概要についてはばっさりと捨てました。マンガ家に関心がある層には、当然ながらこちらのほうが強く響きます。数は減るものの派手な釣り針を仕掛けるイメージです。

一方の「拡散」の例は、ラーメンでいえば全部乗せです。要素ひとつひとつの魅力や情報量は減少しますが、広い層にアピールできる可能性があります。釣り針は小さくなるけれどたくさん仕掛ける方法ですね。いずれにせよ、ターゲットを認識してはっきりした狙いを定めることが肝要です。

限られた文字数に注目要素を盛り込む

また表面的なテクニックとしては、前述した「人物名始まり」（レッスン66）や「閉じた言葉」（レッスン67）、具体的な数字（レッスン69）など、注目されやすい要素を盛り込むことが有効です。限られた文字数の中でアピールをするという意味では、体言止め（レッスン49）はもちろん、「助詞終わり」の手法もよく使われます。たとえばこんな見出しをよく見かけませんか。

小山宙哉＆真心ブラザーズ　50 人限定イベント開催へ

見出しも約物に頼りすぎない

なおタイトルにおいては、レッスン 59 で述べた約物の使用ルールを緩め、かぎかっこやダブルコーテーションの使用について、ある程度は許容しています。

それでもナタリーで明確に禁止しているものがひとつあります。それが、文末にエクスクラメーションを使った強調。

×	小山宙哉＆真心ブラザーズがコラボ ?! 「プラネタリウム」で“宇宙”トークイベント !!!!

「！」の強調は下品

最近はいくらか減りましたが、ある時期までネットの世界では、すべてのタイトル末にエクスクラメーションが付いていると言っても過言ではないほど記号がインフレを起こしていました。

エクスクラメーションは強調したい部分をもっとも安易に強調したつもりになれる魔法の記号です。しかしその表層的なパワーに安易に流されず、主眼を正しく設定し押し出すことに注力してほしいと思います。

まだ研修中の新人が剛速球のようなタイトルを持ってくることがあって、そんなときタイトリングは技術より感性だなあと感心してしまいます。

CHAPTER 5 用途別のテクニック

71 記事単位の重複に注意する

「テンプレート化」にご用心

レッスン12では、定番の構成パターンとして「サビ頭」を提示しました。しかしマンネリは禁物です。**気付くと固有名詞が入れ替わっただけの、テンプレート化した記事を量産してしまうことになります。**

> 「闇金ウシジマくん」の真鍋昌平による読み切り「アガペー」が、本日6月29日発売のヤングマガジン31号（講談社）に掲載されている。
>
> 同誌の35周年を記念した読み切り企画「BULLET」の第1弾として収録された「アガペー」。秋葉原を舞台に、アイドルオタクのリアルな心情をえぐり出していく。次号32号では「BULLET」の第2弾として、「でろでろ」の押切蓮介が登場する。

> 押切蓮介による読み切り「でろでろ 2杯目」が、本日7月6日発売のヤングマガジン32号（講談社）に登場した。
>
> 同誌の35周年を記念した読み切り企画「BULLET」の第2弾として掲載された「でろでろ 2杯目」。おなじみの兄妹と、空を飛ぶ奇怪な妖怪を軸に物語は展開される。次号33号では「BULLET」第3弾として、「1/11」で知られる中村尚儁の読み切り「拓く」が収録される。

サマリーを言って背景を説明して、あらすじと付帯情報の話。まったく違う題材を扱う記事でも、残念ながらこうした基本構造が酷似した記事はしばしば生まれてしまうものです。

ナタリーのリピーター率は、新聞系や芸能系のニュースサイトに比べるといくぶん高く、また一度の訪問でたいてい2本から3本の記事が読まれる傾向にあります。つまりある程度お得意様がいるということを意識しなければなりません。

そこで例文のようなテンプレ記事ばかり書いていると、すぐに気付かれてしまい、お得意様の心が離れてしまいます。**手癖でやっつけず、どこかしら変化を付けていく気概を持ちたいですね。**

ちょっとの工夫を続けることが上達の近道

ニュース記事でなくとも、日報やリリースなど、同じようなテーマで定期的に書く原稿は、書き慣れるにしたがってテンプレ化してくることが多々あります。**文章を書くことがほんとうに繰り返しの作業になると、読み手に飽きられる以上に、書き手としてどんどん苦痛になってくるでしょう。**

もしあなたが文章を書くことを仕事でなさっているとしたら、どこかしらクリエイティビティを忍ばせられる余地はないか、常に模索してみてください。毎回ちょっとだけの工夫、ほんの少しの変化を織り込んでいくことが、長く書き続けるコツです。そうやって書き続けることが、文章力を高める近道といえるでしょう。

ある程度書けるようになってくると、手癖で書き飛ばす人が出現します。自分の仕事を自分で貶めることがないよう、常に自問自答してください。

72 インタビューの基本は「同意」と「深掘り」

たった2つの質問で書きたいことを手に入れる

インタビュー術はそれだけで本が1冊書けてしまうほど重厚なテーマですので、ここでは根本的な考えだけお伝えしておきたいと思います。**インタビューで大事なことはたった2つだけ、「同意」と「深掘り」です。**

私の考える理想のインタビューは、インタビュアーが **「すごいですね」** と **「それってどういうことですか？」** の2つしか言わない状態です。これまで200人以上にインタビューをしてきましたが、何度かだけ、そういうことがありました。

「すごいですね」は「なるほど」でも「ははあ」でもいいのですが、同意の表明です。相手の発言に共感し賛同していることを伝えます。それはインタビューに前向きの推進力を与え、相手に次の言葉をしゃべってもらう呼び水として機能します。

かたや「それってどういうことですか？」は深掘り、つまりある話題についてもっと詳しく具体的に教えてほしいという意思の表明です。インタビューに深度と展開をもたらし、また話題に対する正確な理解を促してくれます。

たまに勘違いしている人を見かけますが、**インタビューはこちらの意見をぶつける場でも、言ってほしいことを言わせる場でも、相手が隠していることを暴く場でもありません。** 相手の話したいことを、より豊かに聞き出すことが本質です。

　ではもし、聞きたいことと相手の話したいことが食い違っていたとしたら？　そのときは、こちらが聞きたいことについて相手が話したくなるように話を運べばいいのです。そのための基本的なツールが「同意」と「深掘り」です。

予想外の答えにこそ「おいしい」内容が現れる

　どこに同意するか。どこを深掘りするか。それを正しく見定めるためには資料の読み込みから想定問答まで、たくさんの準備を必要とするでしょう。よく「ストーリーを決め込んだインタビューは良くない」といわれますが、私は事前にストーリーや質問事項を想定しておくことは大事な必須のプロセスだと思っています。

　問題は、想定問答と異なった答えが返ってきたときです。そのときに「予定と違う」と思ってはいけません。「やった」「おいしい」と思ってください。緻密に組み上げたストーリーが想定外の話題で壊されたとき、そのインタビューはたいてい成功しています。そのとき言うべきことは決まっていますよね。「それってどういうことですか？」です。

　いわゆるインタビュー記事だけではありません。**書きたい内容を揃える、広い意味での取材をするためには、インタビューの精神は有効です**。上司や恋人や自分に、インタビューをしているつもりで問いを投げかけてみてください。

インタビュー相手の話を聞いている最中、自分の中に違和感や疑問が宿る瞬間を見逃さないでください。それこそが深掘りの目印です。

CHAPTER 5　用途別のテクニック

73 感想文やレビューを書くには

自分にインタビューして主観的意見を揃える

感想文やレビューのような、主観的意見を述べる文章でも、材料を集め、主眼を立てて、骨子を固めるプロセスは一緒です。**いちばんの違いは、自分を取材対象にするということ。取材のマイクを自分に向けて、自分が感じたことを収集していくわけです。**

ここで有用なのが、前項で紹介した**「同意」と「深掘り」の質問法**です。

具体的には取材メモと同様に感想メモを用意し、まずは思ったことを書き連ねます。ここで繰り出すべきは自分への「同意」。感想の質や一貫性などは気にしてはいけません。なるほどなるほどと話を進めていきましょう。

たとえばあるシングル曲を聴いた感想をメモ書きしたとしましょう。**「イントロで驚いた」「Aメロ冒頭、歌詞にぐっときた」「音の感じが前と違う」**などなど。次いで項目ごとに「それってどういうこと？」という自分ツッコミを入れていきます。

「それってどういうこと？」

イントロで驚いた ⇒ 前作と大きく違う ⇒ ダブステップ調

「それってどういうこと？」

自分ツッコミの結果、主観的な感想に根拠が与えられ、話題がどんどん深まっていきます。「ダブステップ調」「クラブテイストの新機軸」「アレンジャーが新人」……。話題が揃ったところで、全体を見渡して主眼を設定しましょう。ここでの切り口は「クラブテイストを取り入れた新機軸は新アレンジャー効果？」となるでしょうか。

文章においては「ここでしか読めない」独自性がひとつの武器となってくれます。**したがって感想文やレビューのような文章では、客観的事実より前面に主観的意見を配置し、それを事実で補強していくような順番が望ましいでしょう。**

主観的な意見を述べる文章ほど、人に伝えるためには強固なロジックが求められます。説得力を持たせるために自分に「深掘り」しましょう。

74 長い文章を書くには

章単位の構成も構造シートで整理する

第1章では構造シートを使って文章を書く方法について解説しましたが、これは基本的に500～1,500文字程度の記事を書くことを想定した手法です。それを超えてくると、文章の流れをひと目で把握するのは困難になるでしょう。

そうなると文章をいくつかの章に分割して、章ごとに構造シートを作り、さらにひとつ上位にあたる章単位の構造シートを作って臨むことになります。**全体を設計するための、「構造シートの構造シート」**と呼んでもいいでしょう。

以下はナタリーで、ある新人記者が初めて7,000字程度のライブレポートを書いたときに作ってもらった構造シートです。まずは章単位の構成を組み立ててもらいました。

●章単位の構造シート

テーマ：cero がダブルアンコールで見せたサービス精神

1.	ハイライト	B
2.	場面 A について	B
3.	場面 B について	B
4.	アンコールについて	A
5.	結び	C

章ごとの内容は別々のシートにまとめる

全体の章の頭にハイライトを持ってきたところに工夫が見てとれますね。

章単位の構造シートができたら、章ごとに話題レベルの構造シートを用意しましょう。ベテランであれば章単位の構造シートだけで書き進めることもできますが、それでも1万字を超えてくると流れをつかみながら細部を組み立てるのが困難になってきます。数万字レベルの長文を書くときは、おっくうがらずに2重の構造シートを用意しましょう。

●章ごとの構造シート

アンコールについて	
1. 本編終了後の演出	C
2. アンコール1	B
3. まさかのダブルアンコール	A
4. 繰り返されるアプローズ	B

ちなみにこの本も、本全体の構造シート、章ごとの構造シート、それに項目ごとの簡単な構造シートと、3つのレベルの見取り図で設計してあります。1,000～2,000文字をひと項目とし、その項目を10数個束ねた章、それを5章で1冊、とユニット化したことで、10万字を超える文章の執筆もなんとか乗り切れました。

長い文章を完読してもらうには、読者の関心が切れないよう盛り上がりを配置する構成力が求められます。サビ頭の勢いでは乗り切れませんよ。

75 企画書を書くには

構造シートの応用で企画書が書ける

構造シートで文章をロジカルに書く方法は、ビジネス的な文書にも適用できます。たとえば企画書も、主眼と骨子で段取りを付けて進める考え方は一緒です。

まず材料を集め、主眼を決めて、骨子を決めていきます。企画書の骨子にはある程度、慣習上のテンプレートがあるので、まずはそれを紹介していきたいと思います。

●「企画概要」

企画書こそサビ頭であるべきです。冒頭で企画の全容をかいつまんで見せてしまいます。「アウトライン」と題することも多いでしょう。

●「企画意図」

企画書では概要の直後に主眼を配置するのがコツです。文章と同じく、全体のパーツひとつずつが、ここに書かれた意図に沿い、奉仕するように設計します。「この企画の狙い」「テーマ」「コンセプト」など別の見出しを付けてもいいでしょう。

●「企画内容」

本文にあたります。もちろん提案する企画によって項目は変わってきますが、5W1Hの法則を思い出すとスムーズに項目が思い浮かぶはずです。すなわち「何をするのか」「どこでやるのか」「誰が関係するのか」「いつやるのか」「どのようにやるのか」。加えて**もうひとつのH、「How much（いくらかかるのか）」**を必ず記すようにしましょう。なおWhyは前掲の「企画意図」に相当します。

相手がWord派かPowerPoint派かに合わせて書く

ちなみに世間の企画書は、ざっくりWordで作る派とPowerPoint（以下パワポ）で作る派の二大勢力に引き裂かれています。両者の特徴は総じて以下のようになります。

	分野	紙面	内容	長さ
Word派	出版系	タテ位置	テキスト中心	短いほど良い
パワポ派	広告系	ヨコ位置	イメージ中心	長いほど良い

パワポ派の人はWordで書かれた企画書を見ると「文字だけで貧相だな」と感じる傾向にありますし、Word派の人はパワポの企画書を見ると「ムード優先で無駄に長いな」と感じる傾向があるように思います。

ただ表現の仕方は違っても、構造シートを使った考え方、組み立て方はどちらも一緒です。読ませる相手やその企業風土がどちらの勢力に属しているのか、よくよく見極めて、それに合わせなければなりません。

構造的記述をマスターすると仕事もうまくなる

唐木ゼミや日々の赤入れで文章を教えていると、不思議なシンクロを感じることがあります。**それは文章力が向上してきたスタッフは、仕事そのものもメキメキできるようになってくる、という現象です。**しかし考えてみると、それは自然なことかもしれ

次のページに続く

ません。

文章を書くにあたっての主眼、骨子による構造的記述をマスターすれば、そのプラモデル化の方法論をさまざまな場面に適用することができるからです。企画書もコンセプトを決めてから事実関係を揃えるようになりますし、イベントを任されたとしても、テーマに沿って会場や出し物を用意できるようになります。

なんなら会社そのものだって、主眼と骨子の考え方で運営していけると私は思っています。現実に何か仕事を立ち上げるときには、丸太から掘り出すのではなくプラモを組み立てるように考える。テーマに沿ってロジカルに構造を用意する。そんな**「プラモワーキングの方法論」**は、個人の総合的な仕事力アップにつながるのではないかと確信しています。

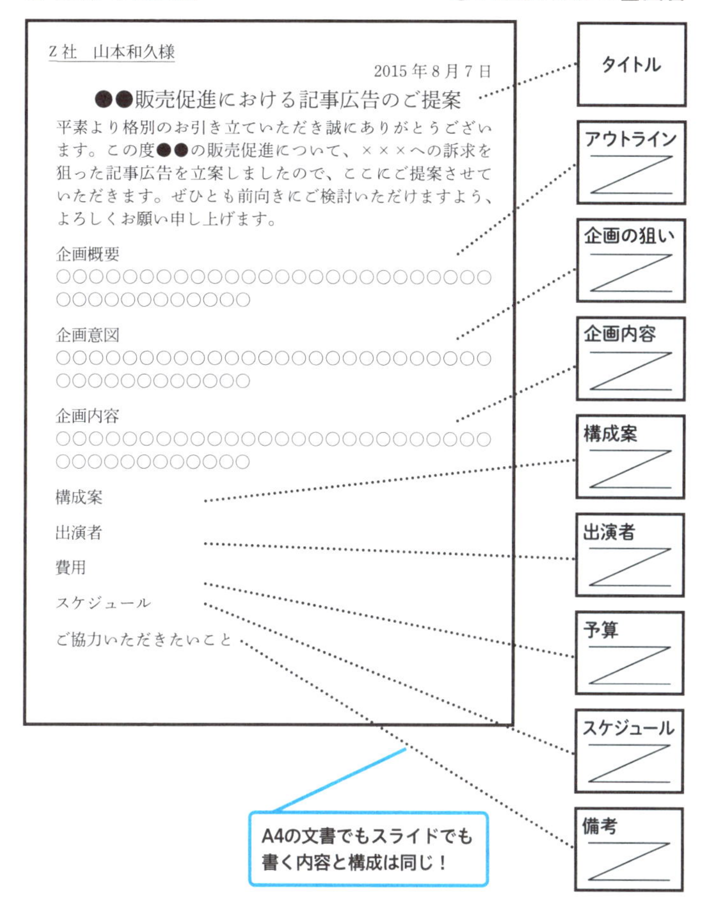

学校教育ではよく「国語は全教科の基礎体力」といわれますが、同様に「文章力は社会人の基礎体力」なのではないかと私は思っています。

CHAPTER 5 用途別のテクニック

76 レイアウトの考え方

レイアウトラフも主眼と骨子の準備が大事

文章は書いておしまいではなく、レイアウトされて記事になります。**レイアウトを組むにあたっては、要素だけを大まかに示した「ラフ」と呼ばれる指示書を作ることが一般的です。**

ラフ引きに関しては、これもまた専門書が多数出ているほど深長な話題ですが、この本ではラフを引く際、文章を書くときのメソッドが適用できるということだけお伝えしておきたいと思います。つまり**「いきなりラフを引かない」ということです。**

いきなりラフを引き始めると、頭の中で「何を」「どこに」「どのくらいの大きさで」レイアウトするかということを同時並行的に考えながら、手を動かしていくことになります。これは大変難易度が高い作業で、職人技と言ってもいいでしょう。

もう何に似ているかお気付きですね。**ラフを引く前に構造シートを作ればいいのです。**まずページの主眼を書き、それに準じて必要な要素、すなわち図版とキャプション、大見出し、リード、本文などをリストアップしていきます。そののち大中小の重要度を付けていきます。この状態を**「要素ラフ」**と私は呼んでいます。

ここまで下ごしらえができたところで、ようやくラフ用紙に向き合ってみましょう。すると、あとは「どこに」だけを考えながら、大中小の付いた要素を並べていくだけなのです。

文章と同じく「いちいちやってられないよ」という人がいます。

しかし実際に試してみると、「何を」「どこに」「どれくらい」と分割して考えたほうが、一度に考えるよりアベレージでは速いのです。ラフ引きが苦手だという人は、ぜひ試してみてください。

●要素ラフ

図版 A ＋キャプション
図版 B ＋キャプション
図版 C ＋キャプション
大見出し（23w）
リード（120w）
本文（600w）＋小見出し

●本ラフ

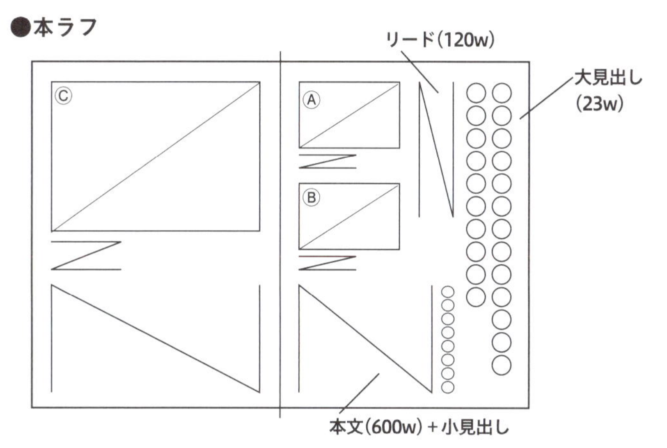

企画書書きもラフ引きも、ロジカルにものを作るためには構造シートの考え方が応用できます。主眼と骨子を揃えてから走り出しましょう。

CHAPTER 5　文章の目的

77 すべてのルールは絶対ではない

意図を込めたルール違反は違反ではない

この本ではここまで、ナタリーのゼミで教えているさまざまなルールを紹介してきました。最後に、**「すべてのルールは絶対ではない」**ということをお伝えしようと思います。

たとえば冗長な文体。あるインタビューで「〜とかしてしまったりしたことがあるのですが。」という文末があり、差し戻しました。しかしライターいわく、こういう持って回った言い方をするマンガ家さんなので、どうしてもその口調を伝えたい、と。そういうことならば仕方ありません。

「ヒップホップやポストロック、マイルス・デイヴィスの影響を受けて」という文章も、本来的には概念のレベルが揃っていない列挙であり、みっともないと言わざるを得ない。しかし「この人にとってマイルスはジャンルひとつに相当するくらいの巨人なんです」と言われたら、これもまた止める理由はありません。

ルールより「完読」が優先される

無意識に、なんとなくなりゆきでルールを侵してしまうのは、これはただのミスですから是正すべきです。しかしながら**確固たる狙い、意図を織り込んでルールを超えていく意志があるとき、私は基本的にそれをすべて認めようと思っています。**

この本では、文章は短くタイトに、と言ったのち、ある程度の冗長さは必要と言ったりしてきました。それは書き手のレベルによって教える内容が変わるからです。

対機説法といって、お釈迦様でも話す相手によって「来世で報われる」と言ったり「あの世などない」と言ったり、再び「輪廻転生では」と言ったり、教える内容がコロコロ変わるものです。しかし目指すべき高みは一貫しているのです。

文章であればそれは、言いたいことが読み手に伝わるということ。具体的には「完読」という状態をゴールに定めていましたね。**読者を完読に連れていけるように、基本ルールを身に付けながら、常に新しい表現を模索し、柔軟にルールを使いこなせるようになってください。**そしていつか自分なりにこのルールブックを書き換えてくれる日が来ることを、心から応援しています。

大事なのはルールでも書き手のエゴでもなく、読んだ人に論旨が伝わることであり、その目安が完読でしたね。いつでも読者目線を忘れずに！

ナタリー的とは ⑤

誰でも学べる「ナタリー文体」誕生の秘密

ナタリーのメディアポリシーを紹介するコラムもこれでおしまい。「速い」「フラット」「ファン目線」についてさらったところで、最後はなぜこのポリシーに至ったかという話をします。

ナタリー誕生の2007年以降、スマートフォンの普及でネット人口が跳ね上がり、SNSで誰もが容易に意見が表明できる「発言の市民化」が具現化しました。そんな環境下で求められるニュースメディアの形を考えていたとき、ナタリー代表である大山卓也が走り書きしたのが「批評はしない、全部やる」というフレーズでした。詳しくは彼の著書「ナタリーってこうなってたのか」（双葉社）をご覧いただきたいのですが、この大山メモを源泉に、システムとして膨らませていったのが現在のナタリーの姿といえるでしょう。

「意見や感想を言うのは客の仕事」と割り切ったとき確立したのが、情報を選り好みせずに大量に供給し続ける、「ニュースソースを供給するのがメディアの仕事」というスタンスです。また同時に、それを支えるべく、事実を伝えることに徹したニュートラルな文体が誕生しました。

この本でご紹介した実用作文というのは、少なからずそのナタリー文体の影響下にあるものです。しかしながらそれは特殊というよりはむしろ、手紙から企画書までどんな社会的シーンでも適用できる、普遍的なツールとしての可能性があると思っています。少しでもあなたのお役に立てるとしたら幸いです。

おわりに

この本は私がナタリーで幾度となく開いてきた社内勉強会のうち、文章力にまつわるパートを文字に起こし、一般の方向けに加筆修正したものです。

ほんとうに社内向けの教育ノウハウであったため、公にすることに関しては、その意義を疑問視する声がなかったわけではありません。ただ、私はいたってポジティブに捉えています。

仮にこの教科書で、誰かひとりでもネットユーザーの文章力が向上したとしましょう。その人は良い文章とそうでない文章を見分ける目が付きますから、ひいては良質なサイトと粗雑なサイトを峻別できるようになり、必ずやナタリーの味方になってくれるでしょう。

何かの間違いで、どこかの同業他社がこの本を運営に役立ててくれることがあるかもしれません。そのときはネットメディア全体の信頼性が向上するはずですから、やはりプラスに働くのではないかと思います。

なおこの本の執筆には、個人的なモチベーションも大きく介在しています。カバーの肩書きにある通り、2015年6月いっぱいで私はコミックナタリーの編集長を辞任し、ナタリーというメディア全体のプロデュースに軸足をシフトさせました。

2008年12月のコミックナタリー立ち上げから6年半で、私が校了した記事は2万本といくらか。ここ半年は権限の移譲が進み赤入れから遠ざかっていたものの、校正マシンとしての季節にも、これでひと区切りが付いた格好です。現場を去る節目に、これまで心血を注いできた新人教育をパッケージにしておきたかった、という下心があったことは否めません。

その意味でも、この本の企画を立ち上げてくださったインプレスの瀧坂 亮さんには、どれだけ巨大な感謝の気持ちを贈っても足らないように思います。彼が声をかけてくれなければ、私は今週も手書きメモを片手に、とりとめなく新入社員の前でしゃべり散らしているだけだったでしょう。一冊の本として結実できたことは、ちゃらんぽらんな私には過ぎた褒美だと思っています。

構成に関しては、ライターの藤崎美穂さんの協力を仰ぎました。たいへんに的確で的を射た骨組みを作っていただけました。ありがとうございます。

本文の下敷きとすべく唐木ゼミの録音を文字起こししてくれたのは、ナターシャのバイトチームから小澤くん、三好さん、秋井くん。深謝に絶えません。

バトンを渡すかたちでコミックナタリー編集長を引き

受けてくれた坂本さん、同じく副編を引き受けてくれた岸野さん、そして編集部の面々、ひいてはこれまで同じ釜の飯を食ってきたナターシャ社員全員には、これまでのメチャクチャな振る舞いの数々を詫びるとともに、こんなひどい上司を見放さずについてきてくれたことに、やはり巨大な感謝を捧げます。

なにより、ズボラで適当極まりない私を立ち上げ間もないナタリーに誘い、あろうことか経営陣の一翼として仕事を任せてくれた、大山卓也と津田大介。あなた方の蛮勇がなければ、いまでも愚痴まみれで視野狭窄な底辺エディターのままだったと思います。改まって言うのも気恥ずかしいですが、本当にありがとう。

おしまいに、この本を買ってくださった皆様。どうか一度は、ナタリー（http://natalie.mu）を訪問してみてください。そしてここに書かれていたことがウソか誠か、ツッコミを入れながらいくつかの記事を読んでいただけたら、願ってもない僥倖です。

お読みくださりありがとうございました。文章力は魔法やセンスの類いではなく、簡単だけれどかったるい作業の集積です。どうか皆様の文章力向上の一助となれますように。

読者アンケートにご協力ください！

このたびは「できるビジネスシリーズ」をご購入いただき、ありがとうございます。本書はWebサイトにおいて皆さまのご意見・ご感想を承っております。気になったことやお気に召さなかった点、役に立った点など、皆さまからのご意見・ご感想を聞かせていただければ幸いです。今後の商品企画・制作に生かしていきたいと考えています。

お手数ですが以下の方法で読者アンケートにご回答ください。

【書籍ページのURL】

https://book.impress.co.jp/books/1114101132

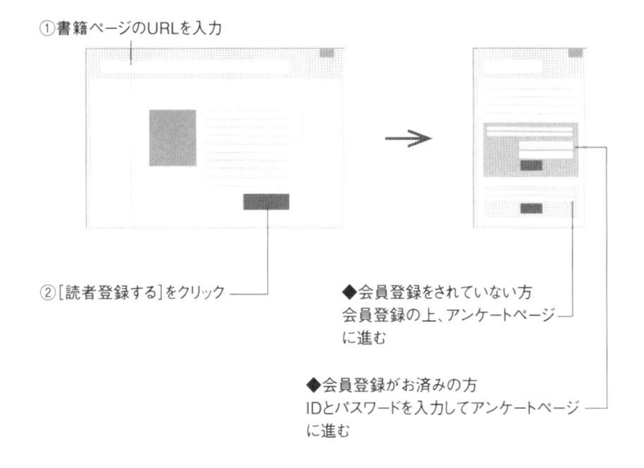
①書籍ページのURLを入力
②[読者登録する]をクリック
◆会員登録をされていない方
会員登録の上、アンケートページに進む
◆会員登録がお済みの方
IDとパスワードを入力してアンケートページに進む

本書のご感想をぜひお寄せください

https://book.impress.co.jp/books/1114101132

読者登録サービス

CLUB
IMPRESS

アンケート回答者の中から、抽選で**商品券（1万円分）**や**図書カード（1,000円分）**などを毎月プレゼント。
当選は賞品の発送をもって代えさせていただきます。

■著者
唐木 元（からき げん）

1974年生まれ。株式会社ナターシャ取締役。大学在学中よりライターとして働き始める。卒業後は事務所「テキストとアイデア」を開設、雑誌を中心に執筆・編集の現場に従事した。2004年より編集者として、ライブドア・パブリッシング、幻冬舎、KI & Company（ジーノ編集部）と3つの出版社に勤務。2008年、株式会社ナターシャに参加し、編集長として「コミックナタリー」「おやつナタリー（終了）」「ナタリーストア」を立ち上げた。

●ナタリー
http://natalie.mu/

STAFF

カバーデザイン	萩原弦一郎（株式会社デジカル）
本文デザイン	玉造能之（株式会社デジカル）
本文イラスト	加納徳博
DTP制作	株式会社デジカル
編集協力	安福　聰
執筆協力	藤崎美穂
デザイン制作室	今津幸弘<imazu@impress.co.jp>
	鈴木　薫<suzu-kao@impress.co.jp>
制作担当デスク	柏倉真理子<kasiwa-m@impress.co.jp>
編集	瀧坂　亮<takisaka@impress.co.jp>
副編集長	柳沼俊宏<yaginuma@impress.co.jp>
編集長	藤井貴志<fujii-t@impress.co.jp>

■商品に関する問い合わせ先

このたびは弊社商品をご購入いただきありがとうございます。本書の内容などに関するお問い合わせは、下記のURLまたは二次元バーコードにある問い合わせフォームからお送りください。

https://book.impress.co.jp/info/

上記フォームがご利用いただけない場合のメールでの問い合わせ先

info@impress.co.jp

※お問い合わせの際は、書名、ISBN、お名前、お電話番号、メールアドレス に加えて、「該当するページ」と「具体的なご質問内容」「お使いの動作環境」を必ずご明記ください。なお、本書の範囲を超えるご質問にはお答えできないのでご了承ください。

●電話やFAXでのご質問には対応しておりません。また、封書でのお問い合わせは回答までに日数をいただく場合があります。あらかじめご了承ください。
●インプレスブックスの本書情報ページ https://book.impress.co.jp/books/1114101132 では、本書のサポート情報や正誤表・訂正情報などを提供しています。あわせてご確認ください。
●本書の奥付に記載されている初版発行日から3年が経過した場合、もしくは本書で紹介している製品やサービスについて提供会社によるサポートが終了した場合はご質問にお答えできない場合があります。

■落丁・乱丁本などの問い合わせ先

FAX 03-6837-5023

service@impress.co.jp

※古書店で購入された商品はお取り替えできません。

新しい文章力の教室
苦手を得意に変えるナタリー式トレーニング
（できるビジネス）

2015年8月11日 初版発行
2025年6月11日 第1版第18刷発行

著　者　唐木 元

発行人　土田米一

編集人　高橋隆志

発行所　株式会社インプレス
〒101-0051 東京都千代田区神田神保町一丁目105番地
ホームページ https://book.impress.co.jp/

印刷所　株式会社広済堂ネクスト

ISBN978-4-8443-3872-7 C0030

Printed in Japan